Quem tem DÍVIDAS tem DÚVIDAS

André Luiz Manzano

Quem tem DÍVIDAS tem DÚVIDAS

Técnicas e estratégias para alcançar a liberdade financeira e emocional

ALTA BOOKS
EDITORA
Rio de Janeiro, 2021

Quem tem Dívidas tem Dúvidas

Copyright © 2021 da Starlin Alta Editora e Consultoria Eireli.
ISBN: 978-65-5520-741-5

Todos os direitos estão reservados e protegidos por Lei. Nenhuma parte deste livro, sem autorização prévia por escrito da editora, poderá ser reproduzida ou transmitida. A violação dos Direitos Autorais é crime estabelecido na Lei nº 9.610/98 e com punição de acordo com o artigo 184 do Código Penal.

A editora não se responsabiliza pelo conteúdo da obra, formulada exclusivamente pelo(s) autor(es).

Marcas Registradas: Todos os termos mencionados e reconhecidos como Marca Registrada e/ou Comercial são de responsabilidade de seus proprietários. A editora informa não estar associada a nenhum produto e/ou fornecedor apresentado no livro.

Impresso no Brasil — 1ª Edição, 2021 — Edição revisada conforme o Acordo Ortográfico da Língua Portuguesa de 2009.

Erratas e arquivos de apoio: No site da editora relatamos, com a devida correção, qualquer erro encontrado em nossos livros, bem como disponibilizamos arquivos de apoio se aplicáveis à obra em questão.

Acesse o site www.altabooks.com.br e procure pelo título do livro desejado para ter acesso às erratas, aos arquivos de apoio e/ou a outros conteúdos aplicáveis à obra.

Suporte Técnico: A obra é comercializada na forma em que está, sem direito a suporte técnico ou orientação pessoal/exclusiva ao leitor.

A editora não se responsabiliza pela manutenção, atualização e idioma dos sites referidos pelos autores nesta obra.

Produção Editorial
Editora Alta Books

Gerência Comercial
Daniele Fonseca

Editor de Aquisição
José Rugeri
acquisition@altabooks.com.br

Produtores Editoriais
Illysabelle Trajano
Maria de Lourdes Borges
Thales Silva
Thiê Alves

Marketing Editorial
Livia Carvalho
Thiago Brito
marketing@altabooks.com.br

Equipe de Design
Larissa Lima
Marcelli Ferreira
Paulo Gomes

Diretor Editorial
Anderson Vieira

Coordenação Financeira
Solange Souza

Coordenação de Eventos
Viviane Paiva

Assistente Editorial
Caroline David

Equipe Ass. Editorial
Beatriz de Assis
Brenda Rodrigues
Gabriela Paiva
Henrique Waldez
Mariana Portugal
Raquel Porto

Equipe Comercial
Adriana Baricelli
Daiana Costa
Fillipe Amorim
Kaique Luiz
Victor Hugo Morais

Atuaram na edição desta obra:

Revisão Gramatical
Ana Mota
Erica Y Roumieh

Diagramação
Rita Motta

Capa
Rita Motta

Ouvidoria: ouvidoria@altabooks.com.br

Editora afiliada à:

Dados Internacionais de Catalogação na Publicação (CIP) de acordo com ISBD

M296q	Manzano, André Luiz Quem tem DÍVIDAS tem DÚVIDAS: técnicas e estratégias para alcançar a liberdade financeira e emocional / André Luiz Manzano. - Rio de Janeiro : Alta Books, 2021. 160 p. ; 16cm x 23cm. Inclui bibliografia e índice. ISBN: 978-65-5520-741-5 1. Finanças. 2. Finanças pessoais. 3. Educação Financeira. I. Título. CDD 332 CDU 336
2021-4243	

Elaborado por Odílio Hilario Moreira Junior - CRB-8/9949

Rua Viúva Cláudio, 291 — Bairro Industrial do Jacaré
CEP: 20.970-031 — Rio de Janeiro (RJ)
Tels.: (21) 3278-8069 / 3278-8419
www.altabooks.com.br — altabooks@altabooks.com.br

Agradecimentos

Agradeço, primeiramente, a maravilhosa Karin, que nunca mediu o valor da pessoa pelo seu peso em ouro. Tem o poder de ver através da aparência e sabe o significado da palavra confiança. Muito obrigado por ter confiado em mim e por ter tido a coragem de sair de sua terra natal para acompanhar um aventureiro e sonhador que a vida conseguiu colocar no prumo.

Helena, maravilhosa, filhinha amada, tão doce e alegre, meu grande entusiasmo em tamanho de criança que manifesta capacidade infinita.

Luísa, maravilhosa, pequeno botão de flor a desabrochar sempre, todos os dias manifestando sua condição de filha de Deus.

José, maravilhoso, pai amado que desperta saudades. Aqui minha homenagem aos ditames exemplificados em suas atitudes. Seus acertos e erros são guias e faróis. Eu também acredito nas pessoas. Muito obrigado pelo nosso preparo.

Marajoara, maravilhosa, mãe amada de valor inestimável. Seu colo foi sempre um alento e seu carinho revigorante; seu amor uma joia a ser guardada para sempre. Difícil escrever estas linhas e não chorar de agradecimento. Somente nós sabemos do que rimos e pelo que choramos. Muito obrigado.

Aos irmãos mais velhos maravilhosos: Guto e Bel, tanto a latinha de Castrol GTX arremessada ao encontro do nariz como as carreiras com a tranca atrás de vocês, foram apenas molecagens de um *"moleque levado da breca"*. O amor que sinto por vocês é enorme! É muito forte a lembrança de quando o papai e a mamãe trabalhavam fora e eram vocês que tomavam conta de mim e do João Carlos. Deram sempre o melhor que podiam para todos os demais. São formidáveis e generosos. Muito obrigado.

João Carlos (JC), meu eterno irmãozinho maravilhoso que tanto amo e que quando pequenos dormíamos de mãos dadas; eu na caminha e você no bercinho – até hoje me lembro desta cena, mesmo quando brigávamos, ali estávamos juntinhos. Você era o meu companheiro ideal para infernizar a vida do Guto e da Bel. Tudo bem que depois vinham as cintadas e o castigo, mas no dia seguinte estávamos novamente à procura de aventuras e fortes emoções. Tenho você na mais elevada conta. Muito obrigado.

Família. Muito obrigado!

Amigos maravilhosos: muito obrigado!

Treinandos, alunos e novos amigos conquistados a cada nova turma, muito obrigado a todos vocês!

Quem sou

Olá, eu sou André Luiz Manzano, trabalho com treinamentos desde 1990. Comecei na Servimec, a melhor empresa de treinamentos da época. Tiveram muita paciência comigo e me ensinaram a ser um instrutor. Saudades dela, uma pena não mais existir.

Passei a escrever em 1993, pela Editora Érica, por convite de um gerente que conhecia o dono, Marcão, e lá fizemos uma grande parceria, até o dia em que foi vendida para a Saraiva e minha carga de criação de livros diminuiu.

No ano de 2002, iniciei meu trabalho como palestrante pela Microsoft do Brasil e pude discursar a respeito de segurança, novas tecnologias e produtividade, até meados de 2005. Em 2013, iniciei meu trabalho como produtor conteudista de cursos em EAD pela UOL/Ciatech em soluções focadas para a produtividade no mercado corporativo.

E, atualmente, esta é a minha primeira obra pela Alta Books, do Gorki, meu amigo de longa data.

Sumário

1. INTRODUÇÃO 13
   1.1 Meu estudo de caso 15
      1.1.1 Minha trajetória financeira 16
      1.1.2 Os problemas se agravaram 19
      1.1.3 A experiência 21
      1.1.4 Minhas observações muito pessoais 25
   1.2 Vamos economizar o quanto antes! Pode ser? 25

2. SOMOS RICOS; SÓ FALTA ACREDITAR! 27
   2.1 Oniomania: compulsão por comprar 33
   2.2 Banco Central e você: tudo a ver 34
   2.3 O que fazer 35
   2.4 O poder da mídia 36
   2.5 Arrependimento pós compra... Quem nunca? 38
   2.6 Falta de tempo. Será? 39
   2.7 Na casa que falta pão... 43

  2.7.1 Maturidade pessoal em finanças 44
2.8 Cultura familiar 45
  2.8.1 Educar as crianças 45
2.9 Dívidas com cartão de crédito 46
  2.9.1 Aplicar o valor economizado 47
    I. Juros simples – para efeito de entender o seu colchão 47
    II. Juros compostos – o poder do tempo a seu favor 48
    III. A sagrada pizza 49
    IV. O poder da planilha eletrônica 50
  2.9.2 Trocar dívidas caras por mais baratas 51
    I. Uma dica estratégica 52
2.10 Negociação das dívidas 55
  2.10.1 Cooperativas de crédito 55
2.11 Dúvidas 56
2.12 Agora é colocar em prática 62

3. ORÇAMENTO DOMÉSTICO E PLANILHA ELETRÔNICA 63
3.1 A batalha pela liberdade de suas finanças 66
3.2 Controle orçamentário 67
  3.2.1 O campo "Saldo" na planilha de orçamento 73
    I. Água 74
    II. Luz 75
    III. Telefone fixo e celulares 77
    IV. Condomínio 78
    V. Aluguel, prestação da casa e IPTU 78

VI. Diarista 79
VII. Supermercado e alimentação 79
VIII. Prestação e manutenção do carro 81
IX. Estudos 84
X. Saúde 85
XI. Vestuário e acessórios 85
XII. Lazer e entretenimentos 86

3.2.2 Copie os cálculos 87
3.2.3 Controle contínuo 87
3.2.4 O que fazer com o que sobrou de dinheiro? 91

3.3 Inflação em nosso cotidiano 94
3.4 Dúvidas e ideias para ganhar dinheiro 96
3.5 Passeio ao supermercado 109

3.5.1 Estocagem e mantimentos 109
3.5.2 Oportunidades 110
3.5.3 Economia direta na compra 110
3.5.4 Quem levar às compras 111
3.5.5 Acompanhamento trimestral das compras .. 111

3.6 Finanças em casa 111

3.6.1 Simular a compra da TV 112
3.6.2 Uma segunda lua de mel por R$ 100 117

3.7 Evolução: Da viagem à compra do carro 120

3.7.1 Calcular o tempo para se juntar aquela grana 122

4. VAMOS FALAR DE CARROS? 125

4.1 Aquisição do carro 127

  4.1.1 CDC (Crédito Direto ao Consumidor) 127

  4.1.2 Leasing (Arrendamento Mercantil) 128

  4.1.3 Consórcio 129

5. VAMOS FALAR DE LEILÕES? 131

 5.1 Leilão de carros 134

  5.1.1 Como participar 134

  5.1.2 Como escolher o lote 135

 5.2 Leilões de Imóveis 135

  5.2.1 Financiamento 136

  5.2.2 Possibilidade de bons negócios 137

6. FELICIDADE E DINHEIRO 139

 6.1 Uma grande certeza 141

  6.1.1 Gastar menos 142

 6.2 Outra excepcional certeza 142

  6.2.1 Saber gastar 142

   I. Clube de Milhas – Programas de Fidelização de Clientes 143

7. ENTIDADES DE AUXÍLIO 147

 7.1 Alerta a golpes 149

  7.1.1 Como acontece o golpe? 150

BIBLIOGRAFIA 151

ÍNDICE 153

01
INTRODUÇÃO

A partir deste ponto você terá conhecimento de parte da minha vida no que tange às escolhas malfeitas ao longo de um período não muito extenso e o quanto isto onerou a mim e a minha família, emocional e financeiramente.

1.1 Meu estudo de caso

A experiência comentada aqui foi uma dura lição de vida. Para quem me conhece bem, sabe que bom humor sempre foi uma de minhas características, assim como falar com franqueza. Esta obra terá um pouco de humor, muita franqueza e bastantes dicas.

Humildemente assumo a responsabilidade de minhas péssimas escolhas e convictamente admito a força adquirida no meio de tantas dificuldades para combater minhas manias e ter um padrão de gastos bastante controlado.

Quero que a leitura aqui traga um pouco de diversão diante de um tema pesado. Quando o humor, a ironia ou o sarcasmo forem lidos, levem como uma espécie de sacudida, pois nem sempre percebemos a zona de conforto ruim em que nos metemos.

Sei que muito do que aqui está escrito poderá chocar alguns; portanto, minhas desculpas antecipadas. Sei também que a maioria se identificará com diversas situações apresentadas e que poderá se encorajar a enfrentar esta batalha para, mais tarde, conseguir o regozijo tão merecido.

Meu sincero respeito a todos vocês que adquiriram esta obra. Conheçam, portanto, um pouco de minha história.

1.1.1 Minha trajetória financeira

Minha trajetória financeira a partir de 2001 foi uma verdadeira montanha-russa. Na verdade, ela começou antes, mas eu vivi um período com dificuldades sem poder dedicar tempo e dinheiro a projetos particulares, fossem esses uma viagem ou uma aquisição. Parecia, em certos momentos, que eu não conseguiria dinheiro e, portanto, a minha sina era viver com pouco e me acostumar a ter conquistas limitadas.

Digo para as pessoas que na época em que consegui materializar o sonho de ter a minha empresa, após muita luta e dedicação, bati o recorde e somei à estatística negativa de empresários malsucedidos apontada pelo Sebrae, pois *fundei minha empresa e a afundei em menos de um ano.*

Meus problemas não começaram aí, as origens são mais profundas e costumam vir da falta de confiança, de mal preparo, de visão equivocada, entre outros males que nós provocamos ou atraímos – até mesmo a nossa educação, pois aprendemos com as pessoas que nos cercam –, entre elas sociedade mal feita, perda de patrimônio para pagar dívidas, processo no Ministério do

Trabalho, etc. Tudo isso resume os meus problemas, cujas culpas eram unicamente minhas, pois as escolhas foram feitas por mim.

Quando estava desolado no final de 2001 fui convidado para trabalhar na Microsoft, lá fiquei três anos e meio e me deslumbrei com o salário. Fiz besteiras como comprar carros antigos, em especial dois Ford Mavericks 73 e 75 lindos, que foram difíceis de manter, pois carros antigos sempre precisam de manutenção - eram coisas fúteis, mas eu queria juntar o que era útil para mim ao agradável, pois a ideia era arrumá-los e vendê-los por um preço mais alto, como é comum fazer – porém não os considerava e nem os tratei como projetos, apenas fingi que eram!

Em abril de 2005, comprei financiado um Fiat Palio ELX 2000. Vendi um Fiat Prêmio CS 1.5 ano 1992 e com este dinheiro dei entrada no "paliozinho" cheio de "nove horas" – para quem andava sempre de carro "pelado", este vinha com ar, direção, trava, vidro elétrico, etc.

Em meados de 2005, eu já estava sofrendo há uns meses com a situação financeira em que me encontrava e pegava um novo cartão de crédito para tentar cobrir outro, e a situação se agravou quando perdi o emprego na Microsoft. Tinha na ocasião R$ 35,00 na carteira e os seis cartões de crédito (desses, dois eram da bandeira American Express: o Gold e o Green). Chegou um momento em que um cartão pagava o mínimo do outro. Eu corria e corria e não saia do lugar, muitas vezes até andava para trás.

Por alto, o meu problema era em termos de passivos:

- Apartamento de 3 dormitórios, 1 suíte, 1 vaga de garagem, e outra rotativa, na zona sul de São Paulo, cujo valor de compra era em torno de R$ 225.000 (valores da época e que estava financiado para 25 anos – já havíamos pagado 10 anos; porém, com quatro anos de atraso e processo na justiça para pagamento via Depósito em Juízo);

- Condomínio com valor variando em torno de R$ 320 na época – importante: nunca deixe de pagar o condomínio, caso contrário esta inadimplência pode provocar a perda do imóvel;

- Fiat Palio ELX 2000, cujo valor na época era de R$ 19.200 e o financiamento em 60 meses no valor de R$ 460 cada prestação;

- Cartões de crédito, cuja dívida beirava inicialmente os R$ 17.000.

Minha outra renda dava somente para pagar o mínimo dos cartões e só depois de sete meses, ou seja, apenas final de 2005. Minha situação era a seguinte:

	jun/05	jul/05	ago/05	set/05	out/05	nov/05	dez/05
Cartões	17.000	18.260	19.547	21.065	23.057	25.707	28.335
Juros	18%	18%	18%	18%	18%	18%	18%
$ dos juros	3.060	3.287	3.518	3.792	4.150	4.627	5.100
Pgto. real	1.800	2.000	2.000	1.800	1.500	2.000	5.000

Veja como é incrível o que os juros podem fazer por você, ou contra como foi nesse caso. Em meio ano a minha dívida saiu de R$ 17.000 para R$ 25.707 (!).

Em dez/05 consegui pagar R$ 5.000 ao vender os meus carros antigos – havia gastado neles entre compra e reforma algo em torno de R$ 12.000 – e liquidar os dois menores cartões, porém a "bucha" continuava:

	jan/06	fev/06	mar/06	abr/06	mai/06	jun/06	jul/06
Cartões	28.435	32.053	37.823	44.631	51.414	59.419	68.114
Juros	18%	18%	18%	18%	18%	18%	18%
$ dos juros	5.118	5.770	6.808	8.034	9.255	10.695	12.261
Pgto. real	1.500	–	–	1.250	1.250	2.000	2.000

Fevereiro e março de 2006 eu não tinha como pagar o básico necessário e os saltos da dívida foram enormes. Em cerca de dois meses a dívida quase aumentou em R$ 10.000, se comparada com janeiro.

1.1.2 Os problemas se agravaram

Em julho de 2006, estava com mais de R$ 68 mil em dívidas com quatro cartões de crédito (ainda), ou seja, em 13 meses saltei de um problema que valia R$ 17 mil para outro de R$ 68 mil. Coloquei "kit gás no Pálio". Já era motor 1.0, virou 0.5. Bem, piadinhas à parte, foi uma atitude inteligente colocar gás, pois era uma forma de diminuir os meus gastos com combustível; afinal, ele não era flex. Peguei três cheques emprestados com minha mãe de R$ 600 cada – pois meu nome estava mais que negativo nesta altura do campeonato.

Nesta mesma época "perdi" o Fiat Palio ELX verde "da hora", que eu tinha, com mais duas parcelas do kit gás para pagar. Foi furtado na porta de um cliente em que eu iria ministrar um treinamento – foi o tempo de eu entrar no bar para tomar um café com leite e comer um pão na chapa e voltar para o carro para dali entrar no estacionamento (que era um pouco longe e estava um frio de trincar os dentes).

Você deve estar pensando: "*Caraca, este cara tem de se benzer!*" e não tiro a sua razão. Realmente era para se pensar numa benzedeira, pois o carro estava com trava e em menos de cinco minutos conseguiram levá-lo embora. Quero que saibam que é importante proteger o carro com tudo que é possível, mas deve-se também ter um seguro.

Adivinha... adivinhou? É, eu não tinha seguro!

Eu te dou toda a razão, você está certo, fui realmente um vacilão, entre outros adjetivos – acontece nas melhores famílias e na minha não poderia ser diferente.

Não pararam por aí os meus problemas, pois a justiça deu ganho de causa ao banco que financiava o apartamento e o perdemos.

Em suma:

- 60% do valor pago no apartamento jogado pelo ralo;
- Perda do apartamento;
- Perda de dinheiro com advogado para prorrogar prazo, fazer acordos, esticar o que desse daquela situação "momentânea" que se esticava;
- Eu com meus quatro cartões de crédito remanescentes;
- Sem carro;
- Tinha dois cheques de R$ 600 cada;
- Sem seguro;

- Apenas 14 parcelas pagas do financiamento do carro e faltando ainda 46 parcelas de R$ 460 cada.

Outros valores não mensurados e apontados aqui, pois partem do coração, do brio e da vergonha que são colocados à prova quando estamos em situações semelhantes a estas.

1.1.3 A experiência

Conseguir pagar dívidas tão altas e com os juros da época na casa de 17% a 19% ao mês foi um exercício muito bom para que depois de tantos acordos, prorrogações de prazos, noites mal dormidas e vergonha, eu conseguisse finalmente dizer: *"Que alívio! Agora o jogo está 0 a 0!"*. Ao menos nos cartões de crédito – que, de verdade, são os maiores empecilhos.

A partir de minhas experiências vividas e as apresentadas em simulações em sala de aula com grupos de pessoas dos mais variados conhecimentos, fui aos poucos depurando o conteúdo até ele virar este livro. Esta obra tem por principal finalidade explicar de forma clara e objetiva como as pessoas podem organizar suas escolhas definindo prioridades para terem uma vida mais feliz a partir das finanças pessoais.

Este não será um livro de receitas prontas, mas de dicas e indicações – de experiências de quem levou alguns tombos bem grandes e conseguiu se recuperar.

Controlar é FOCAR! Tomar as rédeas para si e escolher o que se quer, como se quer, quando se quer. Não se deixar levar pelo que os outros falam, comentam ou propagam. No brasão do município de São Paulo está escrito em latim: *"Non Ducor Duco"*[1].

Este livro o conduzirá entre o **concreto** e o **abstrato**, pois quem tem dívidas e muitas dúvidas necessita de soluções **concretas** para resolver os problemas e depois se dar ao luxo de buscar o **abstrato**.

O acreditar fará com que você leia este livro, e isso mostrará de que maneira você poderá mudar a sua vida. Acreditar **precede** o querer. **Muitos querem, mas poucos tomam a atitude de acreditar** e isso é fundamental ao seu sucesso, isso é **gerar o FOCO!**

Ao acreditar que é possível, com muita luta árdua – não se engane, não haverá anjinho ou fadinha para te trazer alguma graça –, você dinamiza sua capacidade e começa a usar suas faculdades, suas forças em prol daquilo que almeja e faz com que as coisas aconteçam. O universo se movimenta porque você se movimentou. A pessoa parada, lesa, apática, parva e sem atitude terá uma vida com a mesma pasmaceira, já uma pessoa que aproveita o dia faz com que ele se movimente também.

Acreditar é o verbo que deverá se tornar lei! Acreditar em si e em todas as possibilidades advindas de você, mesmo que outros não o façam. Acreditar que é capaz de gastar menos, comprar o útil e deixar o fútil de lado. Difícil, porém extremamente necessário! Somente assim é que se conseguirá sucesso nesta importante empreitada. Objetivar um plano, apontar para uma meta e transpor quaisquer barreiras que se oponham ao percurso em busca do objetivo.

---

[1] Não sou conduzido. Conduzo.

Acreditar é poder e é O poder. Pergunte-se: *"Consigo viver sem isto?"* e fique sem fazer essa compra por duas semanas. Verá que o fútil perderá importância e aquilo não mais será seu objetivo, seja um novo celular, sapato, óculos, o que for, isso passará a ter uma menor prioridade.

Quando desejar subir uma montanha, simplesmente suba, não crie obstáculos, é nela que está a oportunidade. Agradeça na subida cada novo passo que o eleva na direção escolhida; afinal, o mérito de cada passada é seu. Não veja a distância a percorrer, veja apenas a meta se aproximando – graças ao seu esforço!

A maneira como encara as etapas de cada desafio é que te dará mais forças! Este não é um livro de autoajuda, mas um livro que mostra como eu consegui vencer meus demônios. Portanto, confie em si e pare de achar desculpas para os seus fracassos. Você terá todo o mérito em conseguir, então vá e **consiga**!

Quando estiver no topo, dê-se um presente: sente, descanse e contemple com a alegria dos campeões a conquista alcançada, pois agora seus conhecimentos são maiores e suas experiências mais amplas; aproveite o panorama da nova realidade conquistada. Parece a jornada de um herói, e é! Você pensará: Para quem duvidava de subir um morrinho, até que esta montanha foi fácil. **Que venham as Cordilheiras!!!**

Esta obra vem sendo escrita e revisada ao longo de quase dezessete anos e agora, devidamente amadurecida, espero que sirva como um estímulo para aqueles que quiserem realmente sair da condição atual e galgar novos degraus. Existe muita responsabilidade em passar informações tão importantes que provam que a angústia vivida pode ir embora! Deve-se, porém, esvaziar as gavetas que estão cheias de coisas antigas e que se mostraram ineficazes ao longo do tempo para podermos colocar coisas novas.

Resumindo, durante muito tempo houve o acúmulo de contas e mais contas e agora as coisas estão feias (muito feias). É mandatório que se pare com isto. Uma nova pessoa deverá surgir a partir da leitura deste livro (se você permitir) e isto em nada tem de arrogante, pois é somente um livro e nada mais, mas a atitude do querer acreditar é sua e somente sua; afinal, **para quem está perdido, uma bússola ajuda a encontrar o caminho de casa**. Mérito da bússola ou mérito do caminhante?

Não serei hipócrita e dizer: "Basta querer!". Não! Bastar querer não é suficiente, terá de admitir uma série de coisas, abrir mão de muitos apegos, vícios e crenças errôneas! Se encorajar e se lançar! São milhões de lutas internas para apenas um passo a ser avançado. Não é fácil, mas é possível!

Aqui serão tratadas duas situações básicas para se ter e conseguir mais dinheiro: gastar menos e ganhar mais. Os capítulos iniciais farão uma breve revolução, pois escancararão a realidade que muitos vivem. E, para se conseguir sucesso,[2] deve-se parar com antigos costumes e assumir uma nova postura e comprometimento diante da vida, mesmo que isto doa. **Tenha outra certeza: vai doer!** A dor é sinal de que se está saindo da zona de conforto e entrando em uma área pouco conhecida. Vá! Faça! Experimente! **Você consegue!**

Os demais capítulos mostrarão como é possível adotar táticas e estratégias para se ganhar dinheiro; portanto, aproveite cada provocação, pois o intuito é mostrar que você consegue.

Boa leitura.

---

[2] Sucessão de coisas certas.

1.1.4 Minhas observações muito pessoais

Finanças pessoais deveria ser uma matéria obrigatória nas salas de aula. Os alunos deveriam aprender a usar o dinheiro desde o 1º ano do Ensino Fundamental até o último ano do Ensino Médio. Muito desse dinheiro mal aproveitado e perdido vai parar no bolso de pessoas que apenas agenciam e apoiam a burocracia de um sistema dificultoso; nada geram, apenas se aproveitam.

As pessoas deveriam ser muito mais educadas no assunto financeiro, ou seja, Inteligência Financeira passa muito pela Inteligência Emocional. Assim poderiam ter a melhor percepção do que podem fazer com o dinheiro e com o crédito.

Onerar é muito fácil, porém auxiliar verdadeiramente a saída de alguém do vermelho são poucas as pessoas que o fazem e, ainda assim, de forma voluntária e isolada, sem maiores apoios.

Independentemente deste livro, se você realmente quiser, conseguirá se libertar de tais amarras; portanto, não deixe de ler a parte final dele que traz uma lista com algumas entidades de auxílio.

1.2 Vamos economizar o quanto antes! Pode ser?

Eu não sei quão fundo é o buraco, mas temos de estancar parte do vazamento para que ele não continue aumentando. Dicas rápidas que você pode fazer já:

- Tenha apenas um único cartão de crédito;
- Não efetue compras com ele – apenas se for em situação de vida ou morte (literalmente);
- Escolha os produtos bons e baratos, não os bons e caros;
- Substitua feijão por lentilha ou grão-de-bico, se os valores compensarem – válido para qualquer outra situação;
- Abra no computador ou celular pesquisas de preços de anúncios de supermercados de sua região;
- Faça listas de compras semanais e mensal, as semanais para produtos mais perecíveis e de consumo imediato;
- Não leve crianças com você ao supermercado e nem vá ao supermercado de estômago vazio;
- Compre somente o que estiver na lista, salvo se houver uma oferta do tipo: leve dois e pague um, mas então risque o item de sua próxima compra;
- Opte por gasolina, álcool ou gás, o que compensar o abastecimento, e sempre verifique os que os entendidos em combustíveis dizem com relação à frequência de colocar este ou aquele;
- Sempre faça orçamento doméstico – é a principal ferramenta de controle de gastos e análise que você, ou uma família, pode ter para enfrentar estes desafios.

Neste instante eu me lembro de um trecho da música "Tempo Perdido", da Legião Urbana, composta por Renato Russo, que diz assim:

> "Todos os dias quando acordo,
> Não tenho mais
> O tempo que passou"

O tempo que passou realmente já se foi e ficou para trás, não tendo mais como colocá-lo à frente. Esse conceito é reforçado em uma das brilhantes frases de Chico Xavier:

> "Embora ninguém possa voltar atrás
> e fazer um novo começo, qualquer um
> pode começar agora e fazer um novo fim."

Se bem aproveitado este tempo, que bom! Caso contrário, não perca o novo tempo que se mostra neste presente, como nos faz pensar o provérbio chinês:

> "O passado é história, o futuro
> é mistério, o hoje é uma dádiva.
> Por isso é chamado de presente!"

Por falar em presente, e ele está agora materializado através de seus cinco sentidos, não posso deixar de apontar o que Dalai Lama fraseia a este respeito:

> "Os homens perdem a saúde para juntar dinheiro, depois perdem o dinheiro para recuperar a saúde.
>
> E por pensarem ansiosamente no futuro, esquecem-se do presente, de forma que acabam por não viver nem no presente nem no futuro.
>
> E vivem como se nunca fossem morrer... e morrem como se nunca tivessem vivido."

Portanto, não devemos perder a saúde para juntar dinheiro. Temos de usar o dinheiro com saúde! Viver com todas as possibilidades da felicidade ao nosso alcance e morrer quando chegar a hora (nada de adiantar este momento com úlcera, ansiedade, mal humor, pressão alta, AVC, etc.).

Somos inteligentes e dotados de capacidade infinita; portanto, não podemos nos deixar dominar por nossa ansiedade, compulsividade e complexos, pois isto nos torna menos do que realmente somos.

Em último caso, procure um psicólogo, pois seu problema pode não ser apenas financeiro!

Papai já dizia:

> "Quem vive sem regra, morre sem honra."

Sejamos precavidos e planejemos o nosso futuro a partir de agora, pois uma árvore só dará frutos após ser devidamente cultivada; ou seja, a macieira dá maçãs e a laranjeira dá laranjas. Colhe-se aquilo que se planta; portanto, pare de plantar gastos e dívidas!

Você pode dar a desculpa que for, mas se realmente quer, sairá desta situação por acreditar que ela é temporária! Ela não é a realidade a ser vivida todos os dias.

> O Homem não foi feito para estagnar ou regredir.

O Homem foi feito para evoluir nos mais variados sentidos e aspectos. Não deve aceitar a condição desconfortável de sobreviver, seja ela financeira, afetiva, profissional ou qualquer outra que se apresente negativamente.

O crescimento do Homem parte da afirmativa sincera de que nesta vida se nasce para vencer. Acreditar que tudo é possível e que conseguirá! Se necessário for, jogue o cartão de crédito na lata do lixo depois de quebrá-lo.

Ouço em meus cursos comentários do tipo: "Não posso!", "Não consigo!", "Não tenho dinheiro!", "Se eu não tivesse tantas dívidas!", "Se eu tivesse mais tempo!". Estas frases são reforços constantes do negativo, pois nenhuma delas diz o contrário, o que é necessário para se vencer.

Arregace as mangas e coloque a cabeça para pensar, como dizia meu pai:

"Quando a cabeça não pensa, o corpo padece."

Algumas dicas para colocar em prática agora mesmo:

- Evitar pessoas que têm o costume de falar frases negativas!
- Evitar frases que reforçam o negativo!
- Sempre pensar, ouvir, falar e agir positivamente.

Quando vimos na TV o recorde dos 100 metros rasos ser batido pelo corredor jamaicano Usain Bolt no Campeonato Mundial de Atletismo em 2009, com a marca de 9,58 segundos, diminuindo em 0,11 segundos o seu próprio recorde anterior, ele apareceu no final cheio de satisfação e realização. Fez parecer tão fácil... Mas quantas manhãs frias ele teve de acordar para treinar? Quantos anos vividos em intenso treinamento para se baixar poucos centésimos? Ele teve de querer muito!

"Aprender sobre sua mente é tão importante quanto entender seu corpo!"

É uma frase dele. Se não quiser realmente dentro de você, se não treinar o seu espírito, então seu corpo perecerá mediante a convicção da preguiça e da força do cobertor quentinho. Acreditar ser possível é literalmente "**correr**" para esta meta!

O que me leva a outra frase de excelente impacto falada pelo jogador de basquete Michael Jordan, na época em que ainda jogava e que a repetiu de um jogador de golfe chamado Arnold Palmer:

> "Quanto mais eu treino, mais sorte eu tenho."

2.1 Oniomania: compulsão por comprar

Oniomania independe da situação financeira da pessoa; porém, aos que têm poucos recursos fica evidente a situação grave em que se encontram ou se encontrarão.

Um dia em um treinamento eu disse que endividado pensa como endividado e rico pensa como rico. Pensar é tomar uma atitude voluntária acerca de algo. Por exemplo:

1. A cliente entra na loja por ter se encantado com um sapato.
2. O vendedor vai buscá-lo para que a cliente possa calçá-lo. Segue o comentário dela: "Adorei! Caiu como uma luva. Vou levá-lo! Quanto custa?".
3. O vendedor responde: "R$ 650".

Se a vergonha de sair da loja sem o sapato for a sua orientadora, então digo que está se afundando mais em dívidas desnecessárias. Cuidado, pois seu cérebro irá te pregar esta peça: "Dá para dividir em quantas vezes?"

2.2 Banco Central e você: tudo a ver

Todos desejamos algo. Muitos se endividam, uns tantos não pagam e o nome vai para o SPC, a Serasa, ou outras organizações do tipo. Você não necessariamente sabe, mas isto contará muito negativamente na sua pontuação. Sim, há um *score* que o mercado faz obtendo todos os dados que o cliente tem no Banco Central do Brasil[1]. Lá estão todas as suas movimentações em compras, desde a data, item comprado, se à vista ou a prazo, qual o cartão utilizado, se pagou na data de vencimento ou atrasou o pagamento, etc.

Com base nas suas movimentações você é pontuado e por meio dessa pontuação o mercado saberá se é um bom cliente ou um mau pagador. Essa pontuação influenciará, por exemplo, na aquisição de imóveis, carros, empréstimos e uma série de outras possibilidades de consumo, em que você terá facilidade na sua vida, ou não, para conquistar suas coisas. Se for mau pagador, terá de pagar mais em financiamentos, pois as taxas menores são reservadas aos melhores compradores (pagadores).

---

[1] Para saber mais, acesse: https://www.bcb.gov.br/cidadaniafinanceira/registrato

2.3 O que fazer

Esta á a proposta do livro, orientar o amigo leitor que esteja em situação difícil. Eu já passei por isto algumas vezes, até que um dia se aprende... ou não...

Não se deve reforçar o negativo. Assuma posturas positivas diante da vida e em momentos específicos como o ato de comprar, dentre elas: **não se endividar mais**.

Questões que precisamos nos fazer antes de uma compra – de um sapato, por exemplo:

- É necessário ter aquele sapato?
- O sapato mudará a sua vida positivamente?
- Ele vale (dívidas, juros, nome negativo, vergonha, etc.) quanto cobram?

Se a sua resposta for "Sim!" pare tudo e devolva o livro para a estante, continue com a sua forma masoquista de viver pagando contas e lamentando a má sorte, além de culpar os outros e as faltas de oportunidades.

Se a resposta for "Não!", agradeço a sua coragem e a sua firmeza, pois começará a adentrar em um mundo de maior entendimento quanto às regras dos jogos financeiros que sempre estamos jogando.

O que fazer então? Simples. Não entre na loja, pois você já fez as suas perguntas mágicas acima, basta apenas uma resposta negativa para elas. Não olhe para trás e nem tenha qualquer arrependimento.

2.4 O poder da mídia

Vivemos em um país capitalista, com economia instável, que mesmo sendo caótico por vezes, tem uma máquina que precisa estar sempre azeitada para que suas engrenagens corram cada vez mais. Porém, nem tudo que se vê é adequado ou permitido para quem está em situação financeira ruim. A questão aqui não é deixar de comprar, mas **saber** comprar, **quando** comprar e **como** comprar. Não esqueça[2]:

> "Non Ducor Duco."

É natural querermos crédito para gastar nas coisas que desejamos. Ter crédito é importantíssimo! Para tanto, **basta manter seu nome limpo**. Já tive e já perdi, sei muito bem do que estou falando. Já me recuperei e nesta barca não entro mais.

As oportunidades surgem e devemos ter crédito para aproveitá-las; desde uma promoção relâmpago para uma TV de LCD a uma máquina de lavar roupas ou um jogo bacana para seu filho. Quantos arrependimentos na vida em função de terem passado oportunidades diante dos olhos e não podermos aproveitá-las por estarmos com o limite da conta-corrente ou o cartão de crédito comprometidos em nossas **gastanças** anteriores?

Fique atento, pois engodos são anunciados sempre, tais como:

- Saia do aluguel, adquira o que é seu!
- Corra! É somente esta semana!

---

[2] Em Latim a frase Non ducor duco, significa: "Não sou conduzido, conduzo!".

Para sair do aluguel e encarar um financiamento a pessoa deve estar provida de informações importantíssimas que afetarão a vida de toda a família, portanto, entenda:

- Quais são os juros efetivos;
- Simule como ficará a parcela daqui a dez anos;
- Se houver atraso no pagamento, como você deve proceder;
- Se o atraso for muito longo, o que deve ser feito;
- Não comprometer a renda enquanto estiver em um financiamento de longa duração;
- O tempo passa e as coisas mudam, por exemplo: pode-se perder o emprego, mas pode-se ser promovido; pode-se ter mais filhos, mas eles podem se casar e mudar; pode-se se divorciar, mas podem-se renovar os laços sagrados do matrimônio.

Analise friamente o que pode realmente acontecer e lute para que o positivo realmente aconteça. Se puder contar menos com as outras pessoas, melhor ainda.

Antigamente as pessoas de sucesso tinham de fumar o cigarro anunciado para ter aventura, carro bacana e gente bonita. Estas propagandas foram extintas, pois ao apresentarem a mensagem subliminar de tal sucesso induziam o indivíduo a comprar venenos pelo desejo de se ver nas situações apresentadas. Os que embarcaram nesta canoa furada conseguiram: câncer, enfisema, morte precoce, tristeza nos lares, gastos com medicamento, etc.

Quando na propaganda é dito que "É o melhor preço do Brasil!" eu afirmo: É mentira! E já dou a dica: compare preços – hoje existem sites que oferecem esse serviço, recomendo usá-los –, gaste sapato – ou a banda de sua Internet, afinal, tudo está no virtual.

2.5 Arrependimento pós compra... Quem nunca?

Quantos de nós não compramos por impulso, pois queremos nos enganar, que "aquilo" é imprescindível? Queremos nos agradar com algo que **ainda não merecemos ter**, daí vêm as dívidas por não termos nos respeitado de forma correta.

Negocia-se com o destino da seguinte forma: "Quero isto, afinal, eu mereço!". E ainda se apoia com a mão espalmada no peito para reforçar o pseudo merecimento. Realmente. Quem pensa desta maneira merece... Merece pagar a conta, merece a dívida, merece a dor de cabeça, merece azia, merece úlcera... "Credo, André!!!". Ué, mas é a pura verdade. "Cabeça não pensa, o corpo padece", quero dizer, o **bolso padece** e com ele vem o resto. Outro dia um grande amigo citou a seguinte frase:

> "O melhor antioxidante é o dinheiro!"

Um bom caminho para a ansiedade é a busca por psicólogo e não o vendedor do shopping center.

O correto a ser feito é comprar mais roupas depois que as antigas forem passadas adiante, não o contrário. Assim você terá espaço para guardá-las – e não acumular! Venda as roupas a um brechó e assim ainda terá uma grana ou então faça uma doação para quem esteja em piores condições; caso não conheça alguma pessoa nessa situação, doe para a Cruz Vermelha.

> "Ao Universo devemos primeiro dar
> para depois receber, nunca o contrário."

Você pode acreditar que merece, mas somente depois de ter dado. "Quero me agradar com um lindo passeio para Bariloche!". Fico feliz em saber que haja uma pessoa que se perceba merecedora deste mimo. Porém, se o cartão de crédito está sendo pago com dificuldades... Não seria mais prudente deixar para depois que o seu crédito não esteja comprometido? Caso suas contas estejam em dia, desejo realmente que vá para Bariloche, Paris, Bali e outros lugares. Dependerá do seu juízo.

2.6 Falta de tempo. Será?

Não falarei a famigerada frase: "O que você costuma fazer da meia-noite às 6 da manhã?", pois dormir é a parte mais importante de uma vida saudável.

Um dia, no meio do treinamento, ilustrei que deveríamos usar as coisas ao máximo do que elas nos oferecem, para não gastar à toa comprando o que já se tem; por exemplo: se a sua TV é da marca Telefunken e ainda funciona e tem uma imagem legal, por que comprar uma Smart TV? Só para estar na moda e ter *status*?

Porque se for isso, de verdade, você não está precisando de uma nova TV. Você precisa rever os conceitos de importância em sua vida e aprender a redefinir as suas prioridades. Desculpe se te choquei, foi apenas uma analogia. Claro que você pode ter uma UltraHD de 105 polegadas.

Outro ponto: quando dedicamos tempo demais assistindo à TV[3] é sinal de que alguma coisa nos falta – autoestima e senso de responsabilidade – para começar. Pode parecer duro, mas é necessário ter em mente que quando se está em uma crise, deve-se tomar medidas drásticas para se sair desta situação; portanto, perdoe-me, mas falar a verdade deveria trazer mais amigos e não afastá-los.

Nem tente me dizer que é seu momento de lazer e espairecer diante dos desafios cotidianos... Lazer, sim; hábitos falhos, não!

Outro dia, assistindo à palestra do Professor Mário Sérgio Cortella, ele falou sobre a importância de ter vivido em uma casa em que a família fazia pamonha – o que ocupava o tempo e envolvia todos acerca do processo–, imagine quantas descobertas e uniões foram promovidas nestas conversas... integração! Com a TV em casa, muito do que precisaríamos em termos familiares nos fará falta (não sou contra a TV, desde que haja controle, desde que se use com parcimônia). Papai dizia:

> "Tudo que é demais é sobra!"

Pois bem, muito se assemelha ao Mito da Caverna de Platão, em que as pessoas viam apenas as sombras projetadas na parede, enquanto havia um mundo por detrás a esperar por elas, mas se

---

[3] TV aberta, a cabo, Netflix, Amazon, YouTube, Facebook, Instagram – qualquer meio que nos roube o tempo que temos.

negavam, pois estavam aprisionadas àquela forma de vida – julgavam que a sombra era a realidade.

Será que não é assim que nos comportamos diante da TV? Começa às 18h e então novela, jornal, novela, jornal, novela e ainda um filminho ou programa de humor – afinal, todos somos filhos de Deus e merecemos dar umas risadinhas. Será que esta é a postura ideal para quem tem contas para pagar e precisa do tempo para direcionar o pensamento para soluções e não para fugir dos problemas?

Ter ócio criativo, tudo bem, mas daí a se transformar em procrastinação e nada de útil e concreto surgir... A TV não desagrega nenhuma família. São as pessoas que supervalorizam o entretenimento em vez de uma boa conversa. Quantos de nós não gostaríamos de ter motivos para cantar ou tocar violão em torno de uma fogueira à noite? Cena típica de uma novelinha das 7! Ops, falei de novela novamente.

Pior quando trocamos a TV pelo celular... é de se pensar... E quando o exagero no gasto do tempo acontece com os nossos filhos, irmãos, colegas que passam horas a fio teclando em WhatsApp, Facebook, Instagram?

> Se eu tivesse dedicado as minhas horas,
> de TV ou de chat, de 1996 a 2002,
> para escrever livros, aprender um idioma
> ou ter feito algo diferente, com certeza
> hoje eu teria uma vida com mais realizações.

Fiquei muito tempo paquerando no chat por não ter coragem de me abrir para o mundo. Tentei trazê-lo para dentro de minha casa por meio da tela do computador e apenas me iludi, pois nada daquilo se transformou em benefício para mim e para aquelas milhões de pessoas que interagiam com o virtual. Ainda hoje uma quantidade incontável de pessoas perde seu tempo sonhando este Mito da Caverna cibernético. Destas, quantas estão com problemas no cartão de crédito?

"André, você é muito chato!". Sei que você me entendeu e está apenas na defensiva. É muito legal brincar, se distrair, passar o tempo – quando feito com controle.

Conclusão: quatro ou cinco horas gastas sem um membro da família conhecer as novidades do dia do outro, sem saber seus anseios, suas vontades, seus medos. Sem aproveitar o tempo para um curso, um livro, uma aprendizagem para que se melhorem as condições da vida e logo em breve consigam sair do vermelho.

Porém, as fatídicas frases são comuns: "Não tenho tempo!", "Não tenho dinheiro!"... Será que não se tem ou não se quer ter? Não se precisa fazer muito mais do que já se faz, basta escolher as prioridades da sua vida e partir rumo à meta. Todos nós temos tempo da mesma forma. Deus é justo, coloca o sol para aquecer os bons e os maus e deu o dia de 24 horas para os puros e para os ímpios. Aprenda a usar seu tanto de horas em benefício próprio e de sua família.

2.7 Na casa que falta pão...

Ao ler outro dia no site da Serasa (Serasa Experian)[4] que mostrou uma pesquisa em que se revelava que em torno de 50% dos divórcios acontecem pela falta de dinheiro (acho que os outros 50% deve ser por causa do Facebook e WhatsApp – brincadeira).

Esta falta de dinheiro reflete que o casal precisa cada vez mais **conversar** e que um deve apoiar o outro. Somente quando os dois concordarem é que se deve fazer uma nova aquisição. Deve haver consenso entre as partes. Os dois juntos são mais fortes, para saírem das crises e para não mais entrar nelas.

Não gaste horas bolando um plano infalível *à la* Cebolinha para convencer o outro a dizer "Sim!". Aproveite a recusa do outro para entender os motivos coletivos e individuais. Respeite a opinião do outro como deseja ter a sua também respeitada. Não impor é a chave do sucesso do casamento nestas horas.

Quando se evitam brigas, as crianças tendem a ter uma estrutura emocional muito mais adaptável. Se os pais conversam sempre, e tiram grande proveito destas conversas, farão com que a criança aprenda a ter atitudes positivas constantes. Quando o momento é de crise, devem-se deixar de lado picuinhas e assumir o posicionamento de quem deseja realmente sair da situação, principalmente neste caso:

> "Duas cabeças pensam melhor que uma."

---

[4] www.serasaexperian.com.br

A mesma matéria da Serasa afirma que problemas emocionais decorrentes da falta de dinheiro acontecem com muita frequência, principalmente quando a pessoa chega em idade de se aposentar, não se preparou financeiramente para este momento e acaba dependendo da ajuda do Governo. Este planejamento deve ser feito o quanto antes, seja na forma de Previdência Privada ou de algum plano para dar o direito ao gozo dos rendimentos conquistados em suas aplicações (qualquer uma, desde que devidamente estudada e refletida – o gerente do banco não é o melhor conselheiro).

2.7.1 Maturidade pessoal em finanças

A maneira como lidamos com o dinheiro e como ensinamos os membros de nossa casa a lidar com ele é o que determinará o nível de maturidade em finanças, tanto pessoal como da família toda.

Não ser Cigarra e não ser Tio Patinhas. Encontrar o equilíbrio para não se colocar em situações financeiras difíceis.

A equação é muito simples:

> Ganhou 3, gaste 1 e invista os outros 2.

Este investimento poderá ser atribuído a uma série de possibilidades. Deve-se apenas ter a mente aberta para isto. Desde a venda de jujubas até aplicações em mercado de risco. Tudo dependerá de controlar a ansiedade, conhecer o mercado em que se irá atuar, fazer cursos, preparar-se, e até mesmo se colocar como aprendiz ou empregado no ramo em que escolher investir.

2.8 Cultura familiar

E as coisas vêm de longa data, pois aprendemos com os nossos pais, que aprenderam com os deles e assim por diante – daí repetimos as ações – e elas nem sempre são as mais adequadas atualmente, pois o mundo mudou e temos de acompanhar tais mudanças.

Ensinamos os filhos e os netos, cada qual respeitando a circunstância vivida. Sócio, político, econômico e cultural à época de cada um; portanto, muito cuidado com o quê e como fala perto das crianças. Elas são esponjas que captam tudo!

Tomar atitudes sensatas e com calma mesmo diante de grandes adversidades. Essa deve ser a postura. O capitão do barco não pode se desesperar diante da grande tormenta. Ele, mais do que ninguém, deve ter controle total e absoluto para a proteção de todos e da embarcação.

2.8.1 Educar as crianças

Ensine desde cedo seus filhos a serem ponderados diante das crises que eles possam vir a viver. Não diminua a dor ou o desespero deles, mas treine-os para estarem mais bem preparados para absorver impactos e tirarem lições diante de cada novo desafio que a vida colocar. A forma como lidarão com as informações e as circunstâncias que os cercarão ao longo da vida é muito aprendida e absorvida em suas infâncias.

Procure dedicar mais tempo aos filhos para que eles entendam o significado de família, colaboração, educação, cultura, amor, carinho, respeito, etc. No que tange à parte financeira efetue as mesmas coisas, desde mesadas, prêmios, conquistas, etc. Não sei como cada um irá educar ou dedicar atenção às questões, mas o certo é garantir o futuro delas com conhecimento e calma.

Um piloto de Fórmula 1 tem de ser calmo mesmo diante da agressividade em uma ultrapassagem. Convido você a assistir no YouTube o trecho da corrida do GP da Hungria de 1986 em que os dois pilotos brasileiros à época (Nelson Piquet e Ayrton Senna) mostraram para o mundo o que é ter sangue frio diante do perigo e do adversário. Tome esta corrida como exemplo para a sua vida. Corra, vá ao limite, mas mantenha o controle, seja ético e ensine aos seus como fazer.

2.9 Dívidas com cartão de crédito

Estas dívidas são as mais terríveis quando fogem do controle do orçamento na hora de pagar; daí a necessidade de se relacionar sempre com todo mundo, ainda mais com o seu gerente do banco. Nestas horas, ele deve ser seu amigo e você dele.

Nunca vi portas se abrirem com pessoas que berravam ou que perdiam a linha; porém, vi muitas portas serem abertas com um sorriso franco na boca e as palavras mágicas: "Bom dia", "Por favor", "Com licença", "Até logo" e "Muito obrigado". Se você precisa de um abracadabra mágico, comece com estas palavras no cotidiano, mesmo em casa com seus familiares; portanto, faça uso delas sempre, e, logicamente, também nos bancos quando for renegociar dívidas ou esclarecer uma situação desconfortável.

Preste atenção!

> Existe vida além do limite
> e do cartão de crédito.

Assim sendo, jogue fora os cartões de crédito. Avise as empresas que esta foi a sua atitude.

2.9.1 Aplicar o valor economizado

Solicite ao seu gerente do banco o menor serviço para manter o mínimo de funcionamento das operações bancárias. Ganhe um respiro de alguns meses antes de pensar em ampliar tais serviços. Em suma: tenha apenas o mínimo necessário, nem que seja apenas uma conta poupança.

I. Juros simples – para efeito de entender o seu colchão

Os cartões de crédito em sua maioria cobram anuidades. Suponhamos que a pessoa tenha seis cartões de crédito (assim como eu tive) e que cada um onere a pessoa em R$ 40 ao ano. A conta é:

✎ **R$ 40 x 6 cartões = R$ 240**

Já são R$ 240 desnecessários para você continuar com mais dívidas...

> Pagar para ter dívida – soa estranho!

E se este valor tivesse sido deixado em uma aplicação financeira? Você não seria milionário, mas serviria para pagar uma conta do condomínio ou uma conta de luz.

E se juntar a isto o seguro contra perda e roubo? Aí a conta fica melhor ainda. Se ao mês são cobrados R$ 4 de seguro e a pessoa tem seis cartões, veja que, por mês, são ao todo R$ 24. A conta é:

R$ 4 x 6 cartões x 12 meses = R$ 288

Some ao anterior e terá a economia de R$ 528! Que, se deixados debaixo do colchão, seria menos ruim! Já dá para pagar duas contas de luz ao longo do ano; ou seja, se você não gastar e não pagar por coisas que não usa, terá economia! E se este valor for colocado em alguma aplicação financeira?

II. Juros compostos – o poder do tempo a seu favor

Existem aplicações financeiras que aceitam quantias baixas.[5] Aqui adotarei o exemplo de uma aplicação que pagará 0,3% ao mês. Para que dê certo, não adquira nenhum novo cartão de crédito e nem aceite linha de crédito ou limite de crédito do seu banco ao menos por dois anos depois que seu nome estiver limpo novamente (preferencialmente o resto da vida).

> Evite a sensação de poder gastar por se ter o crédito nos cartões.

---

[5] CDB, Fundos de Investimento, Ações, Tesouro Direto e até a Poupança (não considerada como investimento, mas funciona para nosso exercício).

Usarei uma planilha eletrônica logo mais como ferramenta de análise de gastos para que se tenha a visão mais real possível de como se consegue sair das dívidas, adquirir bens sem entrar em novas contas absurdas, planejar investimentos, garantir o futuro e ter uma vida financeira bem mais saudável.

Rapidinho: pegarei estes R$ 528 e aplicarei em um investimento fictício que gere 0,3% ao mês – apenas para efeito de exercício rápido: A conta é:

- $M = P \cdot (1 + i)^n$
- **M**ontante = **P**rincipal x (1 + **í**ndice) ^ **n** períodos
- Ou:
- R$ 528 economizados x (1 + 0,3%) elevado a 12 meses = ao Montante R$ 547,32!

Foram R$ 19,32 de rendimento, pode parecer pouco, mas acredite, não é!

III. A sagrada pizza

Outro exercício: suponha que toda quinta-feira fosse o dia da pizza na sua casa. Você iria comprar duas pizzas, o valor com taxa de entrega seria de R$ 56.[6] Ao mês, você gasta R$ 224!

Você pode agir da seguinte forma: em vez de ser semanal, faça quinzenal – serão R$ 112 de economia ao mês; ao ano já seriam R$ 1.344 que, se investidos naquela aplicação fictícia, resultariam em R$ 1.482,50.

---

[6] Atualize para os valores praticados em sua região.

> **Este valor somado aos R$ 547,32 dará: R$ 2.029,82!**

Parece pouco para você? Apenas com a economia da pizza e sem ter cartão de crédito – mesmo sendo em um cenário fictício, procure ver que se pode economizar em uma série de ações: cinema com a família ou Netflix/Amazon Prime Video? Ir ao McDonald's, Habib's ou qualquer outra lanchonete ou preferir ser "a mamãe ou o papai gourmet" e economizar na ordem de cinco ou seis vezes o que se gastaria levando todos para esse passeio.

E por aí vai...

IV. O poder da planilha eletrônica

A planilha eletrônica o ajudará a ser mais controlado e analítico quanto às situações, podendo:

- Demonstrar ações do passado em ganhos, perdas e gastos;
- Definir ações futuras e escolher as melhores;
- Trabalhar com cenários variados para se escolher qual ou quais atitudes ter;
- Planejar o futuro e o que fazer em termos de investimentos de acordo com o seu perfil de investidor.

2.9.2 Trocar dívidas caras por mais baratas

A proposta aqui é trocar dívidas caras por dívidas mais baratas, ou seja, tentar fazer um financiamento em troca do bolo de dívidas com cartões de crédito e outras despesas atrasadas. Apresente tudo isto ao seu gerente do banco, ao menos para saber as propostas do banco e conhecer o mecanismo das coisas. Não pretenda quitar com o banco, salvo se for extremamente vantajoso para você. Tudo dependerá do cenário e da época em que se esteja vivendo, por exemplo: um carro financiado no início do financiamento não dará liquidez e uma oferta de troca de dívidas se torna impossível (terá de esperar e perder dinheiro), enquanto que com o mesmo veículo, se estiver na reta final de financiamento, já é possível efetuar a troca de uma dívida cara por outra mais barata.

Em suma, em um veículo em que faltem três parcelas para ser quitado, cuja taxa de juros está em torno de 1,29% ao mês e a parcela em R$ 1.000 (com os juros já embutidos), vale à vista R$ 54.000 nos dias de hoje.

A outra situação é: um cartão de crédito que te cobra 9,5% ao mês se entrar no rotativo, cuja dívida está neste mês em R$ 31.500 e você paga mensalmente R$ 3.500. Quanto que é o saldo para o mês que vem do cartão de crédito? R$ 30.992,50, ou seja, paga R$ 3.500,00 e só tem efeito real de diminuição da dívida em R$ 507,50... muito pouco!

	Jan	Fev
Dívida Cartão	31.500,00	30.992,50
Pagto mensal	3.500,00	3.500,00
Juros ao mês	9,50%	9,50%
Novo valor	30.992,50	30.436,79

Se a pessoa não recorrer à calculadora ou a alguma planilha eletrônica, parecerá que é mais negócio quitar primeiramente o carro e depois se preocupar com o cartão de crédito! Pense em projetar para os demais meses, para se ter ao menos a visão de um ano, por exemplo:

	Jan	Fev	Mar	[...]	Dez	Jan
Dívida	31.500,00	30.992,50	30.436,79		22.345,45	20.968,27
Pgto mensal	3.500,00	3.500,00	3.500,00		3.500,00	
Juros ao mês	9,50%	9,50%	9,50%		9,50%	
Novo valor	30.992,50	30.436,79	29.828,28		20.968,27	

E se não houvesse juros (quando se deve para parentes ou amigos), a quitação seria muito mais rápida:

	Jan	Fev	Mar	Abr	Mai	Jun	Jul	Ago	Set
Dívida	31.500,00	28.000,00	24.500,00	21.000,00	17.500,00	14.000,00	10.500,00	7.000,00	3.500,00
Pgto mensal	3.500,00	3.500,00	3.500,00	3.500,00	3.500,00	3.500,00	3.500,00	3.500,00	3.500,00
Novo valor	28.000,00	24.500,00	21.000,00	17.500,00	14.000,00	10.500,00	7.000,00	3.500,00	0,00

Em setembro a sua dívida já estaria quitada! Os juros compostos podem trabalhar a seu favor ou contra, depende exclusivamente se é para ganhar dinheiro ou para pagar dívidas extensas.

Lembre-se:
o maior investimento
é quitar suas dívidas!

I. Uma dica estratégica

Em uma situação semelhante a esta, o que eu faria? Deixaria de pagar a parcela seguinte do cartão de crédito para usar o valor e quitar o carro, já neste mês! Minha justificativa se dá em função de:

- No cartão de crédito, você quitaria com 21 pagamentos de R$ 3.500 e mais uma residual de R$ 916,10;
- De juros, você pagaria R$ 43.003,13 em uma dívida inicial de "somente" R$ 31.500, ou seja, desembolsaria R$ 74.416,10!

Para se conseguir este tipo de negociação é fundamental ter clara e devidamente apontados os gastos, tantos os fixos quanto os variáveis. Este exemplo mostra que estar com a cabeça fria é fundamental e testar muita simulação para fazer a melhor escolha em termos de saldar o quanto antes as dívidas.

Escolha a sua solução para o problema: você tem em mãos R$ 22.500 – o que fazer com esta quantia?

a) Comprar um carro mais antigo (caso seja imprescindível ter outro), ou
b) Aplicar este valor que tem em mãos e, mês a mês, adicionar os R$ 4.500 que pagaria no financiamento e nas parcelas do cartão de crédito (compromissos estes já assumidos).

Minha escolha seria a segunda, pois existem alternativas de locomoção, além de não gastar com impostos, seguro, combustível e manutenção.

Para efeito de vislumbrar respostas você teria:

	12 meses	36 meses	60 meses	120 meses
R$ 4.500 a.m. + R$ 22.500 (Entrada)	R$ 78.223,47	R$ 195.863,49	R$ 322.272,34	R$ 681.068,29

Por meio desses exemplos é possível ver a importância de se conhecer um pouco a respeito de planilhas na criação de orçamentos, além de se ter acesso às informações decorrentes de investimento e o poder dos juros em benefício daquele que investe.

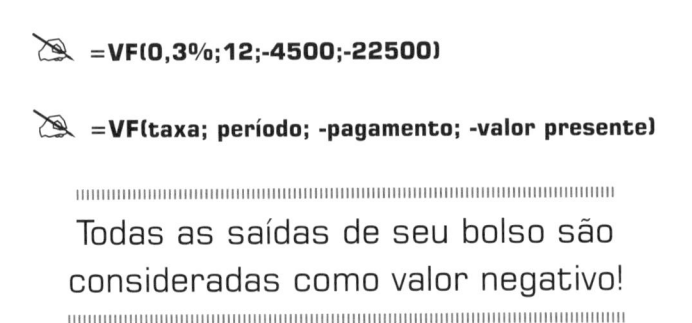

=VF(0,3%;12;-4500;-22500)

=VF(taxa; período; -pagamento; -valor presente)

Todas as saídas de seu bolso são consideradas como valor negativo!

O próximo capítulo tratará como fazer um Orçamento Doméstico bastante bacana. Muitas pessoas fazem seus orçamentos domésticos de variadas formas e acabam por abandoná-los, pois não entenderam o seu funcionamento real e a sua grande importância.[7]

---

[7] Não está sendo calculada a inflação no período, mas, ainda assim, mais se ganha do que se deixa na mesa.

2.10 Negociação das dívidas

É muito importante ter coragem, o que em muitos momentos nos falta. A coragem para atender a ligação do credor – respire fundo e pense que conseguirá. É uma situação bastante incômoda, porém deve ser encarada como uma parte do processo de saída da dificuldade extrema e momentânea em que se está.

> Não fuja; converse.

Por mais que existam uns atendentes que são pouco hábeis em lidar com a recusa do pagamento e chegam até mesmo a desrespeitar a pessoa em dificuldade financeira, ainda assim não deixe de atendê-los.

Não diminua a sua dignidade, não entre no campo das ofensas; mantenha-se calmo e respeitoso.

É importante tentar fazer acordos. Jogue limpo. Diga se consegue ou não e por qual motivo não conseguirá.

Cheguei a receber um desconto de 89% em uma de minhas dívidas porque não fugi e nem me escondi. Importante mostrar que está com boa vontade e deseja profundamente quitar a dívida. Era uma campanha de um dos bancos em que poderia se saldar a dívida rapidamente.

2.10.1 Cooperativas de crédito

O objetivo da cooperativa de crédito é prestar assistência creditícia e a prestação de serviços de natureza bancária com condições mais favoráveis a seus associados. No Brasil as cooperativas de crédito são equiparadas à instituição financeira (Lei 4.595/64) e seu funcionamento deve ser autorizado e regulado pelo Banco Central do Brasil.

Caso opte por buscar o serviço de crédito das cooperativas, tente se informar em sites como Reclame Aqui se elas são idôneas e se todos os quesitos são cumpridos para atender as exigências do BACEN.

2.11 Dúvidas

Como conseguir mais dinheiro? Como saldar minhas dívidas? Como ter mais tempo? Como não ficar tão abalado emocionalmente? Como conseguir apoio?

1. **Como fazer para conseguir mais tempo?**

   Assim como podemos fazer uma planilha de Orçamento Doméstico, podemos fazer uma planilha de horas de nossas atividades (existem programas gratuitos que auxiliam nesta missão, a de se organizar e conseguir tempo). Como de tempos em tempos eles mudam, convém buscar aqueles que na época podem vir realmente a auxiliá-lo.

   Priorizar é o grande segredo, mas para fazer isto se deve conhecer em que gastamos o nosso tempo. Reparei que as pessoas que mais fazem atividades são as que mais conseguem ter tempo, enquanto as ociosas fazem o contrário e o tempo se vai, nada ou pouco é feito de útil durante o dia.

> As pessoas mais ativas são as que encontram mais tempo e as ociosas não encontram nem a si mesmas.

2. **O que é possível fazer para se ter mais autoestima?**

   Você é exclusivamente único e deve transbordar de atitudes que demonstrem o quão especial é. Sinta em todas as atividades feitas por você. Em um trabalho chato, por exemplo, tenha em mente que você foi escolhido para fazer aquele serviço em vez de outro, ou seja, tem a capacidade de realizá-lo; portanto, viva o momento com alegria e agradecimento. Experimente e enriqueça o meio à sua volta.

   É sempre bom escutarmos elogios – faça com que os outros te elogiem. Não importa a função que exerça, mas a forma como a executa. Faça sempre o seu melhor. Elogie os outros também!

   > Sair da situação de vítima, este é o maior investimento emocional que se pode ter.

   Sempre digo para as minhas filhas – quando estão fazendo a lição e erram por preguiça –, o tempo que você gastou para fazer o errado, ou o feio, é maior do que o para fazer o certo e bem-feito, pois terá de apagar e arrumar; portanto, faça certo da primeira vez.

3. **Como conseguir ter mais força?**

É justo que esteja cansado, afinal, muitas lutas tem enfrentado até chegar no estado atual. Somos brasileiros, não desistimos nunca! Mesmo assim, procure ajuda médica (pode estar te faltando algum vitamínico, suplemento alimentar, etc.) pois somente um médico poderá melhor orientá-lo quanto às suas necessidades, e pode até mesmo direcioná-lo para um outro profissional.

> Só você pode se ajudar,
> mesmo que seja pedindo ajuda!

Não tenha pressa em fazer uma análise do cenário à sua volta, por mais feio que lhe pareça, ainda assim, você tem inteligência o suficiente para descobrir um meio de sair desta situação e usar suas energias bem direcionadas à resolução dos problemas. Temos todas as ferramentas necessárias para transpormos qualquer barreira. Procure e veja um pouco da história destes homens: Stephen Hawking e Nick Vujicic.

Buscar ajuda é bom também, pois uma andorinha só não faz verão; portanto, procure por auxílio profissional. Alguns profissionais ou entidades que podem ajudar:

- Psicólogo: profissional que auxilia o indivíduo a melhor se entender e ter condições de suportar pressões vindas de todas as maneiras. Tratamento baseado em consultas. Não há prescrição de remédios. É possível conseguir tratamento gratuito por meio de universidades ou do Serviço Único de Saúde (SUS);

- Gerente do banco: profissional que trata das relações comerciais e financeiras entre o banco e os clientes. Habituado a lidar com situações diversas de dificuldades financeiras apresentadas pelos correntistas – não o use para pedir conselhos, mas para negociar suas dívidas;

- Procon: entidade de auxílio de defesa do consumidor nas relações comerciais. Gratuito.

4. Tem como conseguir mais apoio?

Peça a opinião de outros membros da família com relação a alguma ideia ou realização que pretenda fazer. Importante: jamais converse estas coisas quando a outra pessoa estiver assistindo à reprise da novela ou aquele importante jogo da 4ª divisão de futebol amador entre IX de Hortolândia x Central de Madureira.

> De que adianta sair falando coisas importantes em momentos que as pessoas não querem ouvir?

É sábio tratarmos de conversas importantes em momentos importantes. Transforme o que tem a falar como sendo algo quase que secreto e que precisa dos ouvidos emprestados para dizer e depois a sabedoria para escutar os conselhos. **Assim são feitas as relações humanas: com conversas.**

5. Como fazer para renegociar minhas dívidas caras?

Pleiteie sempre maiores descontos, converse com o superior do atendente se necessário for. Seja gentil e cortês nas respostas e educado nas perguntas que fizer, mesmo que isto não se traduza em abatimento de parte da dívida, será ao menos uma forma de não estragar o seu dia e o da pessoa da empresa de cobrança.

Mesmo que no início não se tenha dinheiro para se pagar a todos, anote em uma caderneta (agenda eletrônica, WhatsApp, etc.) o telefone dos credores (escritórios de cobrança) e dos atendentes, se possível. À medida que o dinheiro for sendo juntado e atingir o volume necessário para pagamento, você mesmo pode propor o desejo de quitação ao ligar para eles, até com desconto.

> Se possível, busque ajuda de algum advogado amigo para auxiliar no entendimento do contrato.

Caso queira conversar com o seu gerente, faça isto pessoalmente (escolha a sexta-feira para fazer isso, de preferência) e juntos tentem descobrir a melhor forma de quitar as dívidas mais caras trocando-as pela que o banco te oferecer. Todavia, não assine nada ainda, leve para casa e converse com a família – dali dois dias retorne ao banco com a ideia devidamente amadurecida a ponto de tomar uma atitude.

6. Posso pedir as contas do meu emprego para conseguir um montante e quitar as minhas dívidas?

Creio que esta atitude é muito radical, pois, para a empresa, a pessoa que tenta acordo para sair mostra que coloca o comprometimento profissional em segundo plano e isto macula a imagem da pessoa. Salvo se for uma empresa bem complicada de se trabalhar, sendo mais um de seus fardos; ainda assim, antes eu garantiria emprego em uma outra para depois pedir a dispensa da atual.

> Não trocar o certo pelo duvidoso.

7. Como deve ser a abordagem junto aos meus credores?

Sempre de forma cortês e com o uso das palavras mágicas. Demonstrando boa vontade e desejo de quitação da dívida.

Quando se entra em acordo e resolve parcelar as dívidas, logo após o pagamento da primeira parcela a empresa deve retirar o nome do ex-inadimplente de SPC/Serasa. Não se aproveite do nome limpo para fazer mais dívidas ou comprar coisas vistas como necessárias. Seja forte e fuja das tentações.

Acredite em você, pois conseguirá! Tenho certeza disto.

2.12 Agora é colocar em prática

Se alguma destas propostas te ajudaram a ter algum clareamento das ideias já ficarei imensamente feliz.

Acredite, é mais difícil pagar as contas do que formar uma fortuna, pois se luta contra os sistemas que nada fazem para ajudar a pessoa endividada.

A pessoa endividada gasta mais dinheiro, pois quando existe uma oferta ela não pode usar seu dinheiro para a aquisição daquele bem.

A pessoa endividada gasta mais quando a data de vencimento de alguma fatura não coincide com a data que a pessoa tem dinheiro e, consequentemente, paga juros e mora daquilo.

A pessoa endividada convive frequentemente com frustrações e vergonhas, pois quando um filho deseja algo, ela não tem como atender ao pedido.

Lute para sair das dívidas!

03

ORÇAMENTO DOMÉSTICO E PLANILHA ELETRÔNICA

Excepcionalmente, não farei uso do Excel, mas você tem total liberdade de escolher em qual ferramenta irá trabalhar. A partir daqui iremos:

- Criar cenários de negociação;
- Ajustar gastos por meio da planilha de orçamento;
- Analisar as prioridades;
- Escolher investimentos.

Toda planilha vem com as mesmas características: colunas nomeadas pelas letras do alfabeto; linhas nomeadas com números e as células são denominadas com a junção de letras e números, assim sendo, fala-se célula D2:, F5:, H3:...

Veja a seguir o exemplo de uma planilha eletrônica, por meio da figura:

Exemplo de uma planilha. Destaque para as células C2:, D4: e A5 marcadas.

3.1 A batalha pela liberdade de suas finanças

Entenda o quanto antes uma coisa: Você consegue! A partir deste momento poderá juntar forças e ir a uma nova batalha. E ela será pela sua liberdade!

Mesmo com tantas coisas acontecendo, e muitas das quais não se têm controle, ainda assim devem ser seguidos estes passos:

1. Procure manter a calma, afinal, tudo é passageiro!

> Não há bem que sempre dure
> e nem mal que não se acabe!

2. Descubra uma forma de abordar o assunto com os demais membros da família para que juntos consigam encontrar soluções para os problemas;

3. Anote em um papel ou em uma planilha todos os gastos, separando-os com as seguintes definições:

    - **Fixos**: aluguel, prestações, serviço de telefonia fixa, água, luz, gás, etc.;
    - **Variáveis**: médico, farmácia, troca de óleo, mecânico, etc.;
    - **Adicionais**: celular, cinema, TV a cabo, internet, etc.;
    - **Emergenciais**: internação médica, compra de um remédio, pagamento da franquia do seguro do automóvel, etc.

Sua vida depende disso! Analise cada gasto como quem procura uma agulha em um palheiro.

Conversem em casa para definir o que será cortado e diminuído – essas ações são feitas em conjunto. Tenha em mente que todo gasto cortado gerará um maior volume de dinheiro.

Pague as contas à medida que conseguir juntar mais e mais dinheiro. Veja a regra a ser seguida dentre as possíveis escolhas de investimentos:

- Liste as escolhas que tenham taxa de juros maiores para as que oferecem taxa de juros menores, preferencialmente nessa ordem;
- Caso não tenha o montante suficiente, parta então das menores para as maiores;
- Analise cada conta com seus juros e faça as simulações do que compensa pagar e por quais motivos – entender bem é importante para atacar aquilo que te traz mais insônia.

3.2 Controle orçamentário

Como informado antes, sua vida financeira e sua saúde dependerão de escolhas bem-feitas e a melhor delas neste exato instante é criar uma planilha de **Orçamento Doméstico** para te auxiliar nos controles de suas finanças pessoais.

Mais do que simplesmente sair aqui colocando os gastos, deve-se fazer com lógica para que as coisas não fiquem largadas a esmo na planilha; assim sendo, sigam o passo a passo para a criação de um controle orçamentário doméstico:

IMPORTANTE: A planilha a ser criada apenas contemplará alguns dos gastos que uma família gera no cotidiano. Caberá a você adequá-la à sua realidade.

PASSO A PASSO

1. Abra uma planilha;
2. Salve com o nome **ORÇAMENTO DOMÉSTICO**, antes mesmo de colocar qualquer informação;
3. Arquivo > Salvar como...
4. Na célula **A1**: escreva: Orçamento Doméstico.
5. Na célula **A3**: escreva: Entradas.
6. Na célula **A4**: escreva o seu nome (aqui escreverei o meu): André Luiz.
7. Na célula **A5**: escreva o nome da pessoa amada que compartilha a vida a dois (caso seja casado), não se esqueça do ditado:

> "Juntado com fé, casado é!".

8. Na célula **A6**: escreva Total de Entradas. Não se incomode caso o texto esteja ultrapassando a largura das colunas, isto será corrigido mais adiante. Veja se está semelhante ao da figura a seguir:

(Cont.) ➲

PASSO A PASSO

	A	B
1	Orçamento Doméstico	
2		
3	Entradas	
4	André Luiz	
5	Karin	
6	Total de Entradas	
7		

Início da planilha de controle de orçamento doméstico.

9. Na célula **A8:** escreva "Saídas".

10. A partir da célula **A9:** escreva em cada linha os seguintes títulos:

Célula	Descrição
A9:	Água
A10:	Luz
A11:	Telefone
A12:	Celular Marido
A13:	Celular Esposa
A14:	Condomínio
A15:	Aluguel
A16:	IPTU
A17:	Diarista
A18:	Supermercado
A19:	Açougue
A20:	Quitanda
A21:	Feira
A22:	Sacolão
A23:	Prestação do Carro
A24:	Combustível
A25:	Óleo
A26:	Filtro de óleo
A27:	Pedágio
A28:	IPVA
A29:	Inspeção Veicular
A30:	Multa
A31:	Lavagem

Célula	Descrição
A32:	Faculdade
A33:	Livros Faculdade
A34:	Lanche Faculdade
A35:	MBA
A36:	Livros MBA
A37:	Lanche MBA
A38:	Escola
A39:	Material Escolar
A40:	Uniforme
A41:	Transporte Escolar
A42:	Lanche Escola
A43:	Plano de Saúde
A44:	Farmácia
A45:	Dentista
A46:	Oculista
A47:	Roupa Marido
A48:	Roupa Esposa
A49:	Roupa Filho
A50:	Lazer
A51:	Pizza 6ª feira
A52:	Passeio Sábado
A53:	Churrasco Domingo

(Cont.) ➲

PASSO A PASSO

11. Para alargar a coluna **A**, deve-se colocar o ponteiro do mouse entre o final do título da coluna **A** e o início do título da coluna **B**, de tal maneira que fique o ponteiro com um sinal semelhante a uma cruz.

12. Efetue duplo clique para que automaticamente ela seja ajustada para a melhor largura.

13. Na célula **A54**: escreva "Total de Saídas".

14. Na célula **A56**: escreva "Saldo". Veja se está semelhante ao mostrado na figura a seguir:

	A	B
49	Roupa Filho	
50	Lazer	
51	Pizza 6a feira	
52	Passeio Sábado	
53	Churrasco Domingo	
54	Total de Saídas	
55		
56	Saldo	
57		
58		

Parte de baixo da planilha com a coluna **A** levemente alargada e o complemento dos dados faltantes.

15. Salve a planilha.

16. Agora entrarão os valores de cada descrição apontada em cada célula. Claro que faltam algumas contas, tais como academia, estacionamento, TV a cabo, internet, presentes, etc. Tudo isto dependerá de como é a vida de cada um dentro da família e como deverão ser apontados os gastos.

17. Na célula **B3**: escreva "Jan", referente ao mês de janeiro.

18. Posicionar o cursor na célula **B4**: e escreva seu salário, por exemplo, "2100".

(Cont.)

PASSO A PASSO

19. Na célula **B5:** escreva o salário do parceiro(a), por exemplo, "6200".[1]

20. Para fazer o cálculo do "Total de Entradas" deve-se posicionar o cursor na célula **B6:** e entrar com a fórmula:[2]

✍ **=B4+B5**

21. Tecle <Enter> para ver o resultado, nesse caso, "8300". Ou seja, esta família gera R$ 8.300,00 de riqueza. É muito? A resposta certa seria: "Depende!", pois se os membros desta família não souberem gastar, sempre será pouco.

22. Coloque os valores a partir da célula **B9:** conforme mostra a tabela a seguir:

Descrição	Valores
Água	250
Luz	320
Telefone	455
Celular Marido	215
Celular Esposa	325
Condomínio	550
Aluguel	970
IPTU	125
Diarista	600
Supermercado	450
Açougue	170

Descrição	Valores
Lavagem	60
Faculdade	650
Livros Faculdade	
Lanche Faculdade	
MBA	500
Livros MBA	
Lanche MBA	
Escola	650
Material Escolar	
Uniforme	125
Transporte Escolar	

(Cont.) ➔

---

[1] Por esta simples questão de valores apontados, sabe-se quem que manda em casa é... a esposa!

[2] Toda fórmula no Excel deve ser iniciada com o sinal de igual (=).

PASSO A PASSO

Descrição	Valores
Quitanda	125
Feira	80
Sacolão	50
Prestação do Carro	620
Combustível	450
Óleo	
Filtro de óleo	
Pedágio	80
IPVA	230
Inspeção Veicular	
Multa	125

Descrição	Valores
Lanche Escola	
Plano de Saúde	350
Farmácia	20
Dentista	
Oculista	
Roupa Marido	75
Roupa Esposa	100
Roupa Filho	120
Lazer	50
Pizza 6ª feira	120
Passeio Sábado	200
Churrasco Domingo	120

23. Para fazer o cálculo do "Total de Saídas" posicione o cursor na célula **B54:** e digite a seguinte fórmula:[3]

✍ **=SOMA(B9:B53)**

24. Finalize com <Enter> para que dê o seguinte resultado: "9.330".

25. Na célula **B56:** escreva a seguinte fórmula para se conhecer o "Saldo".

✍ **=B6-B54**

26. Finalize com <Enter> para que dê o seguinte resultado: "*-1.030*".

27. Salve novamente a planilha.

---

[3] A fórmula "=SOMA" efetuará a soma de todos os valores que estiverem na faixa de células de B9: até B53:.

Pois bem, percebe-se que a família gasta mais do que ganha.

Se você fosse uma pessoa escolhida por um dos membros da família para aconselhar, que conselho daria a eles? Suponho que sua resposta seja algo como: "controlar gastos" e "ver destes quais possam ser reduzidos ou eliminados". E fico feliz em saber disto, pois é sinal de que estamos fazendo a coisa certa! Antes, porém, deve-se atentar a um elemento realmente importante na nossa planilha, como será observado a seguir.

3.2.1 O campo "Saldo" na planilha de orçamento

Importantíssimo definir o "Saldo" como um elemento a ser calculado no mês seguinte, pois, se positivo, então terão mais riquezas; caso contrário, mais problemas.

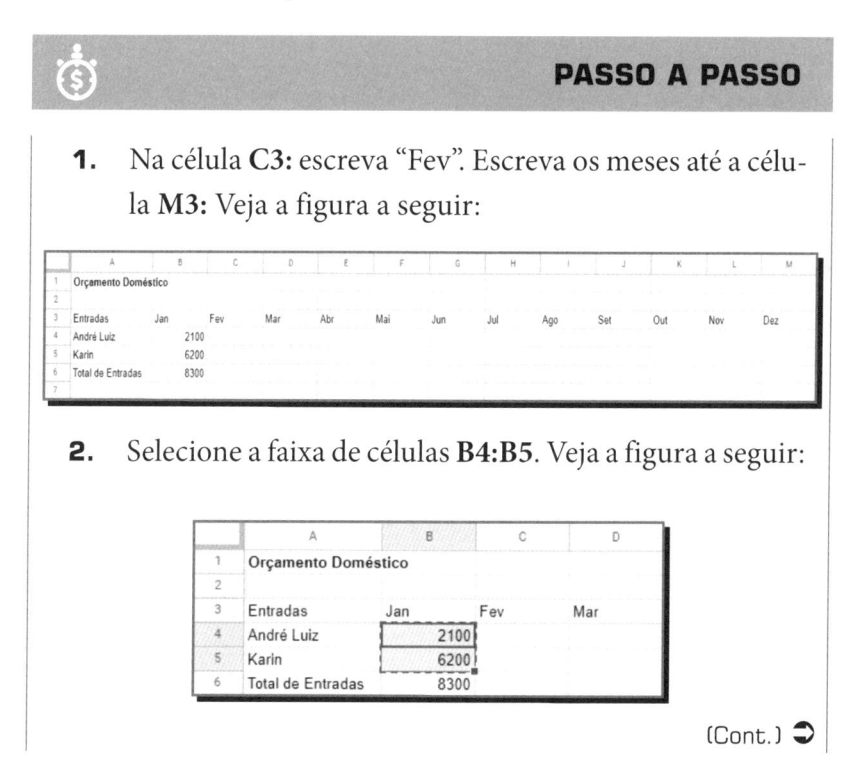

PASSO A PASSO

1. Na célula **C3:** escreva "Fev". Escreva os meses até a célula **M3:** Veja a figura a seguir:

	A	B	C	D	E	F	G	H	I	J	K	L	M
1	Orçamento Doméstico												
2													
3	Entradas	Jan	Fev	Mar	Abr	Mai	Jun	Jul	Ago	Set	Out	Nov	Dez
4	André Luiz	2100											
5	Karin	6200											
6	Total de Entradas	8300											
7													

2. Selecione a faixa de células **B4:B5**. Veja a figura a seguir:

	A	B	C	D
1	Orçamento Doméstico			
2				
3	Entradas	Jan	Fev	Mar
4	André Luiz	2100		
5	Karin	6200		
6	Total de Entradas	8300		

(Cont.) ➲

PASSO A PASSO

3. Efetue a combinação <Ctrl>+C para copiar as células selecionadas.

4. Selecione a faixa de células **C4:M5** e tecle <Ctrl>+V para que sejam colocadas. Veja a figura a seguir:

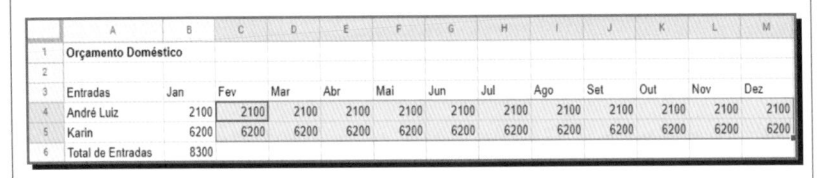

	A	B	C	D	E	F	G	H	I	J	K	L	M
1	Orçamento Doméstico												
2													
3	Entradas	Jan	Fev	Mar	Abr	Mai	Jun	Jul	Ago	Set	Out	Nov	Dez
4	André Luiz	2100	2100	2100	2100	2100	2100	2100	2100	2100	2100	2100	2100
5	Karin	6200	6200	6200	6200	6200	6200	6200	6200	6200	6200	6200	6200
6	Total de Entradas	8300											

5. Posicione o cursor na célula **C6:** para fazer a seguinte fórmula:

✍ **=C4+C5+B56**

Esta fórmula considerará o endereço **B56:**, pois ele é o **Saldo**.

6. Cole para que dê o seguinte resultado: "7.270".

Ou seja, o acumulado de riquezas aqui está com **R$ 1.030 a menos que no mês anterior**; deverá haver um esforço para se diminuir os gastos o quanto antes e, de preferência, que seja superior à diferença apontada.

I. Água

Mãos à obra! Serão aqui analisados cada um dos gastos e o quanto se precisará de esforço para diminui-los, insira na célula **C9:** o valor "195".

Descrição	Jan	Fev
Água	250	195

- Duração menor do banho;[4]
- Balde para captar parte da água do banho;
- Usar a água captada para efetuar algumas descargas no vaso sanitário, lavar a frente da casa ou o quintal;
- Se o casal tiver nenê, deve-se fazer a mesma coisa com a água do banhinho;
- Evitar torneira com vazamento ou aberta enquanto se escova os dentes ou se faz a barba;
- Usar a água de máquina de lavar roupas (2º enxágue, pois o primeiro normalmente tem cheiro ruim) para uma limpeza na área externa da casa, assim como a do banho;[5]
- Não usar a mangueira (esguicho) como vassoura para limpar o pátio; você já captou muita água que pode ser utilizada para este propósito.

II. Luz

Para se ter uma ideia, um dos maiores vilões no consumo de luz é o chuveiro elétrico que pode responder por 25%

---

[4] Para a Organização das Nações Unidas (ONU), 110 litros são o suficiente para "atender às necessidades de consumo e higiene" de uma pessoa por dia. Em um banho de 5 minutos, gasta-se em torno de 40 litros de água.

[5] Existem muitas "fontes" de água dentro de uma casa que podem ser reaproveitadas e evitar assim o desperdício, além de se pagar menos.

do gasto total em uma família de 4 pessoas com banhos de 10 minutos cada.

Insira na célula **C10:** o valor "240".

Descrição	Jan	Fev
Luz	320	240

- Duração menor do banho (gasta menos água e menos luz) e no verão chaveie para "verão". Faça o mesmo no inverno, chaveie para "inverno";

- Passar as roupas de uma só vez. Procure acumular as roupas e separe-as para passar as mais leves antes das mais grossas, pois precisam de uma temperatura menor. Ao aumentar a temperatura, rapidamente o ferro atinge o calor ideal para as mais grossas; no entanto, o inverso não é verdadeiro;

- Faça o degelo da geladeira e a mantenha limpa. Importante: não coloque nada quente dentro dela e não fique abrindo constantemente a porta; sempre que necessário, troque as borrachas de vedação;

- Desligar da tomada todos os aparelhos eletrônicos, exceção feita somente à geladeira/ao freezer – aparelhos em *stand-by* gastam energia desnecessariamente;

- O ventilador de teto gastará menos energia se as pás forem menores; portanto, quando for comprar, pense nisto e veja sempre a tabela do Inmetro de Eficiência Energética.

- Não deixe celular carregando à noite, pois ao atingir 100% ele continua a consumir energia, além do risco de pegar fogo e seus prejuízos não se limitarem apenas ao aparelho;

- Não deixe carregador nas tomadas sem celular, pois isto provocará também o consumo desnecessário;
- Ao sair de qualquer cômodo, apague as luzes;
- Troque as lâmpadas incandescentes pelas fluorescentes e, se possível, pelas de LED, que economizam em torno de 80%;
- Lâmpada queimada pode consumir energia, pois o reator (reator eletromagnético) serve para dar a partida, contudo, se estiver queimada, ele insistirá em tentar dar a partida, o que consumirá energia.

III. Telefone fixo e celulares

Na célula **C11:** o valor "220".

Descrição	Jan	Fev
Telefone	455	220

- Diminua os gastos do telefone ao deixar de ligar para outros estados/outras cidades;
- Use um serviço gratuito de telefonia como o Skype (dependendo do plano);
- Utilize o WhatsApp para ligações;
- Use programas de videochamadas para conversar com amigos, familiares ou conversas profissionais;
- Entre em contato com a sua operadora e verifique se ela oferece algum plano mais barato do que o seu atual;

Na célula **C12:** e na célula **C13:** insira o valor "100" para ambas.

Descrição	Jan	Fev
Celular Marido	215	100
Celular Esposa	325	100

- Se apenas o casal gasta mais neste tipo de conta ao conversarem entre si, vale a pena pensar no WhatsApp;
- Optar por um plano pré-pago – estudados os devidos benefícios;
- Verifique se há planos de descontos entre números de celular da mesma operadora;
- Se necessário, troque de operadora.

IV. Condomínio

Na célula **C14:** mantenha "550".

Descrição	Jan	Fev
Condomínio	550	550

- Interessante começar a participar das reuniões condominiais, pois poderá melhor entender os gastos e talvez opinar quanto à redução deles.

V. Aluguel, prestação da casa e IPTU

Na célula **C15:** e **C16:** mantenha os valores anteriores.

Descrição	Jan	Fev
Aluguel	970	970
IPTU	125	125

Aqui são tópicos em que pouco ou nada poderá ser feito. Importante sempre manter um bom relacionamento com quem te aluga o imóvel. Facilitará possíveis negociações nos momentos de reajustes.

Se for prestação do financiamento, não há muito o que fazer, salvo utilizar parte do FGTS para ir saldando a dívida e com isto poder diminuir o valor da parcela ou o tempo ainda restante.

VI. Diarista

Na célula **C17:** insira "480".

Descrição	Jan	Fev
Diarista	600	480

É importante ter uma pessoa que nos auxilia na limpeza da casa, mas tê-la quase todos os dias se torna desnecessário quando se está no vermelho; portanto, reduza as idas dela à sua residência e faça uma gincana de limpeza nos dias em que ela não for.

VII. Supermercado e alimentação

Altere as seguintes células para os respectivos valores:

Descrição	Jan	Fev
Supermercado	450	400
Açougue	170	120
Quitanda	125	100
Feira	80	50
Sacolão	50	20

Em **C18:** insira "400":

- Procure escolher melhor o que precisa dos supermercados, não precisa diminuir qualidade, mas aproveitar promoções do tipo "leve 3 e pague 2" ou campanhas para fazer parte do "Mercado Club";

- Ou ainda, em vez de comprar um amaciante de roupas de dois litros da marca A (excelente) leve o da marca B (excelente também), senão, faça as contas se não compensa financeiramente levar um garrafão de cinco litros em vez de cinco garrafas de um litro. Divida o preço do garrafão de dois litros por dois, assim terá o valor do litro. Pegue o valor do garrafão de cinco litros e o divida por cinco para que tenha também o valor do litro.
- Não vá ao supermercado com fome;
- Não leve seus filhos para o supermercado.

Na célula **C19**: insira "120":

- Procure substituir alguma carne nobre por uma outra que esteja mais barata – pesquise em sites que mostram anúncios;
- Aprenda a economizar na cozinha, ou seja, o ensopado de hoje pode ser uma bela farofa de amanhã.

Na célula **C20:** insira "100";

Na célula **C21:** insira "50";

Na célula **C22:** insira "20".

- Nestes três itens (quitanda, feira e sacolão) podem-se aplicar as mesmas técnicas, pois é a parte de hortifrúti. Procure comprar as hortaliças, os legumes e as frutas da época, pois há maior oferta e o preço é menor;
- Não compre em grande quantidade com o risco de estragarem, pois é desperdício;

- O que se costuma fazer com as cascas dos alimentos? A maioria responderá: "Jogamos fora!", neste momento não consigo me calar. Aprenda a fazer alimentos nutritivos e extremamente saborosos com as cascas dos alimentos. Sua saúde e sua família agradecerão![6]

VIII. Prestação e manutenção do carro

Na célula **C23:** não há o que fazer, pois o plano que você optou é o mais longo possível; portanto, mantenha para fevereiro "620".

Será que é viável ter que bancar todos estes gastos mensais? Existem alternativas, procure verificar qual é a melhor que possa te atender, desde um carro para final de semana em que queira viajar com a família (que pode ser alugado), até moto, bicicleta, transporte por aplicativo ou tipos de locação por perfil de usuário, com troca anual ou bienal de carro – com seguro e imposto já inclusos na mensalidade).

Descrição	Jan	Fev
Prestação do Carro	620	620

Na célula **C24**: coloque o valor "400".

Descrição	Jan	Fev
Combustível	450	400

- Procure fazer os mesmos trajetos com outra forma de conduzir o veículo para que se economize mais combustível;

---

[6] Acesse http://www.bancodealimentos.org.br e conheça algumas receitas maravilhosas que auxiliam no combate ao desperdício.

- Não exagere nas acelerações e freadas bruscas, retomando a velocidade com pressa; dirija com calma.
- Não ande com o motor com a rotação alta, procure fazer a troca das marchas no momento adequado;
- Evite objetos desnecessários transportados no carro, pois exige mais do motor e consequente aumento de consumo;
- Calibre semanalmente os pneus perto do máximo que o manual indica, por exemplo: se o máximo for 35 libras, use 33, pois quanto menor o atrito, menor será o consumo; pneus murchos fazem o carro se esforçar mais para atingir determinada velocidade desejada;
- Manutenção preventiva neste caso é se antecipar a quaisquer problemas que possam ocorrer no veículo, ou seja, os bicos injetores desobstruídos (limpos), os filtros de ar trocados no devido tempo e as velas;
- Ar-condicionado ligado provoca desperdício de combustível, use apenas quando indispensável. Importante: ao menos uma vez por semana deve ligá-lo por uns cinco minutos, mesmo que se esteja no inverno, pois desta forma o sistema sempre estará pronto para o adequado funcionamento;
- Ligue o ar-condicionado depois que o carro já andou alguns minutos com os vidros abertos, assim o ar quente dá lugar a um ar mais renovado;
- Em viagens evite deixar os vidros abertos;

□ Abasteça até quando o combustível chegar no nível em que há o desarme do gatilho da bomba com o estalo. Não deixe o frentista completar para arredondar o valor;[7]

Na célula **C25:** e na célula **C26:** altere respectivamente para os seguintes valores "120" e "30".

Descrição	Jan	Fev
Óleo		120
Filtro de óleo		30

□ Época de troca de óleo, aí não tem jeito; troque o filtro junto com o óleo, mesmo que a montadora informe que é para trocar o filtro de duas em duas trocas.

Nas células **C27:** e **C28:** mantenha os gastos de janeiro. Porém, em fevereiro não haverá Inspeção veicular e nem pagamento de multa; portanto, deixe as células **C29:** e **C30:** vazias.

Descrição	Jan	Fev
Pedágio	80	80
IPVA	230	230
Inspeção Veicular		
Multa	125	

Na célula **C31:** coloque o valor "15".

Descrição	Jan	Fev
Lavagem	60	15

□ Diminua a ida ao lava-rápido habitual. Existem postos de combustível que oferecem o serviço por

---

[7] Crie uma cadernetinha com os itens a serem substituídos no veículo, com data, item, tempo ou quilômetros de durabilidade e a previsão da próxima troca.

um preço mais camarada ou até mesmo de graça, dependendo da quantidade mínima de combustível que se abastece;

- Deixe para fazer uma bela lavagem uma vez ao mês;
- Jamais peça lavagem das rodas se o carro tiver andado muito, pois elas estarão muito quentes e isto pode danificar seriamente algumas peças.

IX. Estudos

Na célula **C32:** mantenha o valor "650", não sendo necessário, por ora, apontar nada nas células **C33:** e **C34:**.

Descrição	Jan	Fev
Faculdade	650	650
Livros Faculdade		
Lanche Faculdade		

Na célula **C35:** mantenha o valor do curso de MBA em "500". Neste caso, também não será necessário, por ora, apontar valores em **C36:** e **C37:**.

Descrição	Jan	Fev
MBA	500	500
Livros MBA		
Lanche MBA		

Na célula **C38:** será mudado o mesmo valor para "380", pois no mês anterior já foi paga a rematrícula, sendo agora apenas a mensalidade.

Descrição	Jan	Fev
Escola	650	380

Na célula **C39:** será apontada a primeira de três parcelas de "450" referentes ao material escolar de seu filho; todavia, não será necessário apontar nenhum valor para o uniforme que está na célula **C40:**, pois este já foi comprado no mês anterior.

Descrição	Jan	Fev
Material Escolar		450
Uniforme	125	

Deve-se apontar na célula **C41:** o valor "300", pois começa-se a pagar o transporte escolar. Na célula **C42:** não há nenhum apontamento, pois o ano letivo ainda não começou. Nada impede de, em uma planilha à parte, fazer simulações de gastos no decorrer do ano.

Descrição	Jan	Fev
Transporte Escolar		300
Lanche Escola		

X. Saúde

O plano de saúde teve um aumento de 10%; portanto, adicione em **C43:** o valor de "385" e mantenha o valor da farmácia **C44:**. A farmácia, por sua vez, é um gasto aleatório.

Descrição	Jan	Fev
Plano de Saúde	350	385
Farmácia	20	20

Nada a ser acrescentado nas células **C45:** e **C46:**.

Descrição	Jan	Fev
Dentista		
Oculista		

XI. Vestuário e acessórios

Nas células **C47:**, **C48:** e **C49:** serão mantidos os valores, pois o casal acredita que isto não afetará o resultado no final das contas, porém, se somados são R$ 345, talvez seja melhor repensar esse gasto.

Descrição	Jan	Fev
Roupa Marido	75	75
Roupa Esposa	100	100
Roupa Filho	120	120

XII. Lazer e entretenimentos

Para efeito de exemplo, mantenha o valor da célula **C50:** inalterado enquanto a célula **C51:** terá o valor "30", já a célula **C52:** terá "80" e a célula **C53:** terá o valor também como "30".

Aqui há um esforço de se "tentar" diminuir algum dos gastos fúteis, embora seja importante ter reuniões familiares e entretenimentos; todavia, pode-se achar outros tipos de diversões sem gastar muito, desde um piquenique a passeios culturais com menor frequência, enquanto que jogos de bola, peteca, roda ou amarelinha poucas crianças conhecem hoje em dia.

Descrição	Jan	Fev
Lazer	50	50
Pizza 6ª feira	120	30
Passeio Sábado	200	80
Churrasco Domingo	120	30

Estes são só exemplos. Descubra em sua casa o que se gasta com estas e outras contas.

> **Faça gincana com sua família para serem os detetives de desperdício.**

3.2.2 Copie os cálculos

1. Copie a fórmula que está em **B54:** para a célula C54: repare que o resultado dará "8335". Um grande salto no movimento de economia da família! É para se comemorar... vamos fazer uma churrascada e chamar os amigos! Não, né?
2. Copie a fórmula da célula **B56:** para a célula **C56:**. Veja que o resultado no "Saldo" ainda está negativo, pois lhe é apresentado o valor "–1.065".
3. Salve novamente o seu arquivo.

3.2.3 Controle contínuo

Conseguiram uma bela diminuição nos gastos, mas não o suficiente para estarem ainda no azul. Aliás, será necessário um esforço maior, pois os valores ainda estão altos e a curva tem de mudar de direção, apontando para cima, caso contrário estarão fadados a entrarem no vermelho e se afundarem mais com limites, cartões, etc. Há, porém, o mérito de terem diminuído e aprendido a lidar um pouco mais com o dinheiro e as melhores maneiras de se economizar.

Devem mudar agora o pensamento quanto aos prêmios e aos merecimentos, pois resultados negativos geram mais despesas e, ao longo do tempo, acumulam. O primeiro prêmio que esta família merece é quitar o quanto antes as contas e depois brindar com pizza, churrasco ou algum passeio.

Agora será simulado o mês de março:

PASSO A PASSO

1. Esteja com o cursor sobre a célula **C6:** e efetue a combinação <Ctrl>+C para copiar a fórmula.

2. Selecione a faixa de células **D6:M6** que está à direita e tecle <Ctrl>+V para que seja colada a fórmula. Veja a figura a seguir:

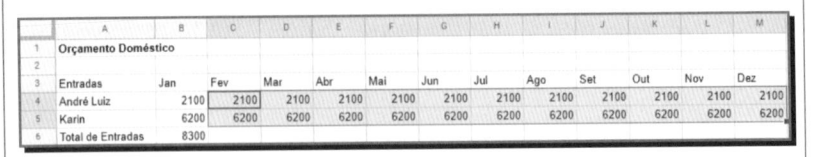

	A	B	C	D	E	F	G	H	I	J	K	L	M
1	Orçamento Doméstico												
2													
3	Entradas		Jan	Fev	Mar	Abr	Mai	Jun	Jul	Ago	Set	Out	Nov	Dez
4	André Luiz		2100	2100	2100	2100	2100	2100	2100	2100	2100	2100	2100	2100
5	Karin		6200	6200	6200	6200	6200	6200	6200	6200	6200	6200	6200	6200
6	Total de Entradas		8300											

Existe um ponto discutível quanto ao saldo, mesmo entendido que ele não faça parte da área de entradas, didaticamente é interessante ter a visão do que sobrou (positivo ou negativo) no mês anterior e que fará peso no mês atual.

3. Selecione a linha **6** ao clicar sobre o número dela.

4. Efetue a ação ao clicar com o botão direito do mouse sobre a linha **6** e escolher a opção "**Inserir**" se estiver no Excel ou "**Inserir 1 acima**" se estiver no Google Planilha. Veja a figura a seguir:

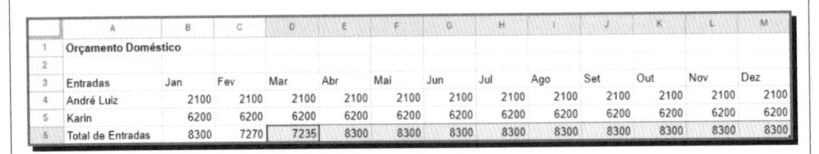

	A	B	C	D	E	F	G	H	I	J	K	L	M
1	Orçamento Doméstico												
2													
3	Entradas		Jan	Fev	Mar	Abr	Mai	Jun	Jul	Ago	Set	Out	Nov	Dez
4	André Luiz		2100	2100	2100	2100	2100	2100	2100	2100	2100	2100	2100	2100
5	Karin		6200	6200	6200	6200	6200	6200	6200	6200	6200	6200	6200	6200
6	Total de Entradas		8300	7270	7235	8300	8300	8300	8300	8300	8300	8300	8300	8300

5. Na célula **A6:** escreva: "Saldo".

6. Em **B6:**, caso não tenha a informação de qual era o seu saldo coloque então "0", ou coloque o saldo referente ao período.

(Cont.) ➲

PASSO A PASSO

Na célula **C6:** coloque a seguinte fórmula:

✎ **=B57**

Trará o conteúdo existente na célula referida.

Copie até a célula **M6:**.

Posicione o cursor na célula **C7:** para que seja alterada a fórmula.

7. A fórmula original está como "=C4+C5+B57", devendo ficar agora como indicado a seguir:

   ✎ **=C4+C5+C6**

   No local em que estava "B57" dará lugar ao "C7" para que a pessoa que estiver efetuando a manutenção da planilha não fique perdendo tempo ao visualizar o fim da planilha toda vez.

8. Serão inseridos os seguintes valores referentes ao mês de março:

Saídas	Jan	Fev	Mar
Água	250	195	110
Luz	320	240	200
Telefone	455	220	150
Celular Marido	215	100	30
Celular Esposa	325	100	60
Condomínio	550	550	550
Aluguel	970	970	970
IPTU	125	125	125
Diarista	600	480	480
Supermercado	450	400	350
Açougue	170	120	100
Quitanda	125	100	50

(Cont.) ➲

PASSO A PASSO

Saídas	Jan	Fev	Mar
Feira	80	50	100
Sacolão	50	20	
Prestação Carro	620	620	620
Combustível	450	400	380
Óleo		50	
Filtro de óleo		20	
Pedágio	80	80	
IPVA	230	230	230
Inspeção Veicular			54
Multa	125		
Lavagem	60	15	15
Faculdade	650	650	650
Livros Faculdade			
Lanche Faculdade			100
MBA	500	500	500
Livros MBA			
Lanche MBA			100
Escola	650	380	380
Material Escolar		150	150
Uniforme	250		
Transporte Escolar		120	120
Lanche Escola			100
Plano de Saúde	350	350	350
Farmácia		20	20
Dentista			
Oculista			
Roupa Marido	75	75	
Roupa Esposa	100	100	
Roupa Filho	120	120	
Lazer	50	50	150
Pizza 6ª feira	120	30	
Passeio Sábado	200	80	
Churrasco Domingo	120	30	

9. Efetue os cálculos referentes do "Total de Saídas" e "Saldo", nas células **D55:** e **D57:**, respectivamente.

3.2.4 O que fazer com o que sobrou de dinheiro?

É comum termos uma vontadezinha de gastar o que sobrou; porém, devemos sempre considerar algumas coisas antes:

- Caso haja um livro a ser comprado que não estava dentro das previsões, opte pelas livrarias do tipo sebo;
- Se um eletrodoméstico estiver quebrado e precisar de substituição, tente o conserto se houver vantagens;
- Use a oportunidade de comprar à vista para algo que seja vantajoso e que há muito tempo se deseja;
- Uma provisão para situações incômodas que envolvam segurança e saúde – interessante manter uma reserva para casos especiais, por exemplo, um dos cônjuges ficar um período desempregado;
- O planejamento de uma viagem de férias – desde que não se mexa no dinheiro dos casos especiais;
- Faculdade dos filhos ou qualquer outra formação;
- Aposentadoria do casal;
- Compra da casa própria à vista.

Nunca é demais pensar no futuro, mas **resolvamos antes os problemas do presente.**

PASSO A PASSO

1. Para dar conclusão ao preenchimento do ano desta planilha de orçamento doméstico, insira os seguintes valores para os demais meses:

Saídas	Abr	Mai	Jun	Jul	Ago	Set	Out	Nov	Dez
Água	95	90	95	95	90	95	95	90	95
Luz	150	180	150	180	150	180	150	180	150
Telefone	120	150	150	150	150	150	150	150	150
Celular Marido	30	30	30	30	30	30	30	30	30
Celular Esposa	60	60	60	60	60	60	60	60	60
Condomínio	550	550	550	550	550	550	550	550	550
Aluguel	970	970	970	970	970	970	970	970	970
IPTU	125	125	125	125	125	125	125	125	125
Diarista	480	480	480	480	480	480	480	480	480
Supermercado	400	350	350	350	350	350	350	350	350
Açougue	100	100	100	100	100	100	80	80	100
Quitanda	20	50	20	50	20	50	80	70	50
Feira	150	100	80	80	80	80	80	80	80
Sacolão	10				15			30	
Prestação Carro	620	620	620	620	620	620	620	620	620
Combustível	380	380	380	380	380	380	380	380	380
Óleo					400				
Filtro de óleo					70				
Pedágio	80				80				
IPVA									
Inspeção Veicular							120		
Multa								127	
Lavagem	35	35	35	35	35	35	35	35	35
Faculdade	650	650	650	650	650	650	650	650	650
Livros Faculdade	400		300		200		200		
Lanche Faculdade	100	200	200						
MBA	500	500	500	500	500	500	500		500
Livros MBA	600					600			

(Cont.) ➔

PASSO A PASSO

Saídas	Abr	Mai	Jun	Jul	Ago	Set	Out	Nov	Dez
Lanche MBA	100	200	200		200	200	200	200	
Escola	380	380	380	380	380	380	380	380	380
Material Escolar	150						150		
Uniforme									
Transporte Escolar	120	120	120	120	120	120	120	120	120
Lanche Escola	100	200	200	200	200	200	200	200	200
Plano de Saúde	350	350	350	350	350	350	350	350	350
Farmácia		20				20			20
Dentista					300	300	300		
Oculista							400		
Roupa Marido		100				100			
Roupa Esposa		200					200	200	
Roupa Filho		200					200		300
Lazer	150	150	150	100	200	100	100	100	100
Pizza 6ª feira		40		40		40		40	
Passeio Sábado			80						80
Churrasco Domingo			100			100			

2. Procure apontá-los fielmente, para que no final fique a família com "13.964" em dezembro referente ao "Total de Entradas".

3. Salve o arquivo e veja a figura a seguir:

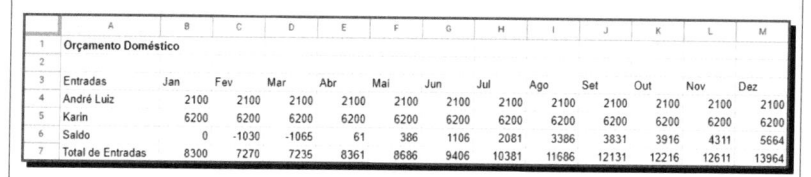

	A	B	C	D	E	F	G	H	I	J	K	L	M
1	Orçamento Doméstico												
2													
3	Entradas	Jan	Fev	Mar	Abr	Mai	Jun	Jul	Ago	Set	Out	Nov	Dez
4	André Luiz	2100	2100	2100	2100	2100	2100	2100	2100	2100	2100	2100	2100
5	Karin	6200	6200	6200	6200	6200	6200	6200	6200	6200	6200	6200	6200
6	Saldo	0	-1030	-1065	61	386	1106	2081	3386	3831	3916	4311	5664
7	Total de Entradas	8300	7270	7235	8361	8686	9406	10381	11686	12131	12216	12611	13964

4. Salve o arquivo.

5. Feche o arquivo.

3.3 Inflação em nosso cotidiano

Muitas pessoas não se dão conta do quanto representa o aumento de um ponto percentual da inflação no orçamento familiar. Quando os indicadores de inflação apontam que haverá no próximo ano a projeção de aumento de 6% e dali um tempo os órgãos competentes refazem a pesquisa e informam que será de 7%, tudo isto reflete, e de forma negativa.

O quilo do açúcar, que supostamente custa R$ 1,00, no mês seguinte se compra por R$ 1,05. As pessoas podem pensar: "Ah, são apenas 5 centavos!". Aparentemente 5 centavos não refletem grandes prejuízos, mas se todos os produtos mantiverem o acréscimo que o açúcar teve? Que são exorbitantes 5% em apenas um mês!

Veja o disparate: os indicadores apontam 6% ao ano enquanto, em um único mês, um produto da cesta básica teve acréscimo de 5%. É interessante ter certos apontamentos, mesmo que isto demande um tempo na construção da planilha e na sua manutenção.

Use esta etapa como uma brincadeira, pois ela ajudará a projetar os valores mais adequados para poupar, gastar, reservar, etc. No nosso exercício verificaremos quais os produtos que compõe a cesta básica e depois simularemos a mesma família do exemplo anterior. Serão 13 alimentos:

( ) Carne;	( ) Leite;
( ) Feijão;	( ) Arroz;
( ) Farinha;	( ) Batata;
( ) Tomate;	( ) Pão;
( ) Café;	( ) Banana;
( ) Açúcar;	( ) Óleo;
( ) Manteiga.	

Crie a seguinte planilha para se calcular porcentagens, somas, médias, inflação, etc.

1. Efetue o cálculo de **Quant.** x **$ Unitário** para se obter o **Subtotal** da célula **E5:**. A fórmula deverá ficar:

✎ **=B5*D5**

2. Com o cursor na célula **E5:** efetue duplo clique na saliência direita inferior dela para que seja copiada na faixa **E6:E17**.

	A	B	C	D	E	F	G	H
1	Variação de preços da cesta básica							
2								
3				Jan			Fev	
4	Produtos	Tipo	Qtde	$ Unit.	Subtotal	Qtde	$ Unit.	Subtotal
5	Açúcar	kg	5	2,00	10,00			
6	Arroz	kg	20	5,00	100,00			
7	Banana	kg	5	2,00	10,00			
8	Batata	kg	20	2,50	50,00			
9	Café	kg	2	18,00	36,00			
10	Carne	kg	10	25,00	250,00			
11	Farinha	kg	3	2,30	6,90			
12	Feijão	kg	4	5,60	22,40			
13	Leite	l	30	3,40	102,00			
14	Manteiga	kg	1	6,00	6,00			
15	Óleo	l	4	4,50	18,00			
16	Pão	kg	8	12,00	96,00			
17	Tomate	kg	4	3,20	12,80			
18	Total							

3. Aponte os novos valores referentes ao mês de fevereiro a partir da célula **F5:**.

Produtos	Quant.	$ Unitário
Açúcar	5	2,30
Arroz	15	4,95
Banana	3	1,50
Batata	15	3,40
Café	2	19,00
Carne	8	25,00
Farinha	4	2,85
Feijão	3	7,50
Leite	28	3,85
Manteiga	1	7,80
Óleo	4	3,90
Pão	8	12,00
Tomate	4	4,00

Copie a fórmula da célula **E5:** para **H5:**, devendo ficar assim:

✎ **=F5*G5**

4. Copie para as demais células abaixo a fim de compor a coluna do "Subtotal". Veja se está semelhante ao mostrado pela figura a seguir:

	A	B	C	D	E	F	G	H
1	Variação de preços da cesta básica							
2								
3				Jan			Fev	
4	Produtos	Tipo	Qtde	$ Unit.	Subtotal	Qtde	$ Unit.	Subtotal
5	Açúcar	kg	5	2,00	10,00	5	2,30	11,50
6	Arroz	kg	20	5,00	100,00	15	4,95	74,25
7	Banana	kg	5	2,00	10,00	3	1,50	4,50
8	Batata	kg	20	2,50	50,00	15	3,40	51,00
9	Café	kg	2	18,00	36,00	2	19,00	38,00
10	Carne	kg	10	25,00	250,00	8	25,00	200,00
11	Farinha	kg	3	2,30	6,90	4	2,85	11,40
12	Feijão	kg	4	5,60	22,40	3	7,50	22,50
13	Leite	l	30	3,40	102,00	28	3,85	107,80
14	Manteiga	kg	1	6,00	6,00	1	7,80	7,80
15	Óleo	l	4	4,50	18,00	4	3,90	15,60
16	Pão	kg	8	12,00	96,00	8	12,00	96,00
17	Tomate	kg	4	3,20	12,80	4	4,00	16,00
18	Total							

5. Efetue a soma para as colunas **E** e **H**.
6. Salve o arquivo.

3.4 Dúvidas e ideias para ganhar dinheiro

As dúvidas aqui apresentadas foram compiladas dos diversos treinamentos que ministrei sobre esse mesmo tema.

1. **Dicas de outras atividades para compor renda**

   Outro dia em um workshop de finanças pessoais me deparei com uma colocação semelhante a esta.

Não sou guru. Sou uma pessoa comum que passou pelos mesmos desafios, e outros ainda enfrentarei, mas, com certeza, alguma coisa dá para se pensar; afinal, para fazer omelete devem-se quebrar os ovos e já que eles estão quebrados...

Não são raros os momentos em que a vida nos coloca em xeque para que tenhamos uma mudança de postura, tanto mental como comportamental. Esses momentos são dádivas, pois temos condições reais de mostrar para o mundo do que realmente somos feitos. Na forja é que são vistos os resultados dos esforços.

Pois bem, a partir deste momento serão colocados itens diversos que poderão auxiliar quem quiser se recuperar mais rapidamente e se mostrar mais bem preparado para o mundo:

▷ ARTESANATO

Fazer artesanato com coisas que normalmente são jogadas fora ou que não atribuímos valor.

O QUE FAZER:

- Com **caixa de leite** é possível fazer pulseiras cobertas com tecido, vasos de flor decorativo, *nécessaire*, puxa–saco, porta-joias, porta-treco, bolsinhas, peso para porta, sacolas, etc.;
- Com **jornal**: fruteira, bandeja de chá, cesto de pão, revisteiro, máscaras infantis, luminária para abajur, guirlandas de Natal, etc.;

- Com **garrafas PET**: vaso de flores, flores, borboletas decorativas, luminárias, porta-moedas, embalagens para presente, etc.

COMO GANHAR DINHEIRO:

- Anunciar em jornais de bairros e/ou nos condomínios. A propaganda é a alma do negócio. À medida que for crescendo opte por divulgar em Instagram e Facebook.
- Oferecer um dia de exposição sem custos para o organizador.
- Ter volume de produtos feitos para que as pessoas possam ter opções de escolha.

▷ COMIDA PARA FORA

Jantar romântico. Vejo a cena: o cavalheiro conduz a dama até sua posição à mesa envoltos em um ambiente aconchegante, com luz de velas e uma linda música sendo tocada. Ele escolhe o vinho e é servido o jantar em homenagem à amada. Muitos estão pensando: "Sofisticado!", já outros: "Que romântico!" e uns poucos: "Que brega!" ou "Que machista!"

O QUE FAZER:

- Pode-se oferecer este serviço para preparar na casa da pessoa o serviço de jantar, com o mesmo nível de romantismo e sofisticação;
- Existem muitas pessoas com baixelas antigas se empoeirando em casa e que poderiam ter um propósito mais útil;

- Se o tempero for realmente muito bom, nada impede de pedir emprestado um pouco de dinheiro para cada membro da família (tios, avós, pais). Com o primeiro pagamento, devolve o que foi emprestado e compra o seu novinho.

GANHAR DINHEIRO:

- Investir em uniforme e baixelas. Velas decorativas, toalha de mesa e outros detalhes, a criatividade será a melhor conselheira;
- Uma coletânea de músicas;
- Quanto custa fazer um jantar leve para dois? Ter opções de cardápio que possa oferecer e ganhar dinheiro. Multiplique por 5 pelo menos! Se você gastar em torno de R$ 20, cobre entre R$ 100 ou R$ 120, ou até R$ 200 em função da decoração e do clima proporcionado, serviço de garçom, etc.

▷ ROUPAS

Dá para se economizar bastante com serviços feitos em roupas e eu acho muito legal, deve ser influência do meu pai que era alfaiate.

O QUE FAZER:

- Em vez de contratar o serviço de uma costureira para alguns ajustes, pode-se aprender o ofício de pregar botões, cortar tecidos e alinhavar;
- Reinventar roupas é conhecido por customização, faz com que roupas antigas ou fora da moda ganhem um novo status no guarda-roupa.

- Além de economizar muito, você poderá ainda oferecer estes serviços para outras pessoas, contribuindo para que saia mais rapidamente da situação atual e talvez descubra um dom e ganhe bastante dinheiro com isso.

DICAS DE COMO FAZER:

- Existem boas dicas de como fazer, desde pregar um botão até como fazer bainha de calça, todas elas são encontradas no YouTube (www.youtube.com);
- Escolas técnicas de costura;
- Caso não haja uma escola técnica e não se tenha acesso à internet, pode-se, ainda, fazer o curso à distância, por meio de método apostilado.

GANHAR DINHEIRO:

Onde eu moro existem oficinas de costura em espaços dentro de supermercados, já chegaram a me cobrar a metade ou 1/3 do valor de uma calça para fazer as barras (bainhas).

Agora pense: este serviço leva no máximo 2 horas para ser feito (chutando muito alto) e que seja cobrado R$ 15 em um dia de 8 horas já são R$ 60 ao dia. Multiplique R$ 60 por 22 (dias úteis no mês), já são R$ 1.320 (isto apenas para fazer barra, sem habilidade, mas com muito capricho), logo se terá maior velocidade e poderá ganhar até o dobro.

Para quem estava parado, em pouco mais de 3 meses de experiência, com simpatia, atitude, coragem e tino, poderá ganhar no mínimo o dobro do início: R$ 2.640. É um bom começo.

Agora, de volta às perguntas.

2. **Como fazer para pagar dois cartões de crédito que ofereçam taxa de juros iguais? Não há o montante para quitá-los desta vez.**

Neste caso, se a quitação for breve (**no máximo em dois meses para quitar ambos**) tanto faz, pois o resultado será o mesmo, como mostra o exemplo a seguir:

Um cartão de crédito (aqui chamado de A) com uma dívida de R$ 2.000, se houver atraso deverá ser aplicada taxa de juros de 17%. E um cartão B cuja dívida é de R$ 1.000, se houver atraso no pagamento, também deverá ser aplicada a taxa de juros de 17%. Imagine que você tenha disponível apenas R$ 2.500, porém a soma dos cartões dará R$ 3.000.

Possibilidade A

Escolher o pagamento integral do cartão com **maior** valor a vencer, pois assim se elimina a maior parte do problema. Veja o cálculo:

▷ **Etapa 1:**

• Tenho:	R$ 2.500
• Cartão A:	– R$ 2.000
• Resta:	R$ 500

▷ **Etapa 2:**

• Resta:	R$ 500
• Cartão B:	– R$ 1.000
• Falta:	R$ 500

▷ **Etapa 3:**

• Falta:	R$ 500
• Juros:	x 17% a.m.
• Valor próximo mês	R$ 585

PASSO A PASSO:

1. Abra um novo arquivo em sua planilha.

2. Na alça **Plan1** (para quem estiver no Excel) ou **Página1** (para quem optar pela Planilha do Google), efetue duplo clique com o mouse e renomeie para "Possibilidade A1".

3. Para a alça **Plan2** ou o seu equivalente, altere para "Possibilidade B1".

4. Posicione-se na célula **A1:** da folha **Possibilidade A1**.

5. Construa a mesma planilha apontada a seguir:
   ▫ Considere selecionar a faixa de células **A1:H1** e centralize mesclando as células;

(Cont.) ➲

▫ Faça esta mesma ação para as faixas: **A3:B3**, **D3:E3** e **G3:H3**;

▫ Formate todos os números com separação de milhar e duas casas decimais.

Estas etapas estão mostradas na planilha exemplo representada pela figura a seguir:

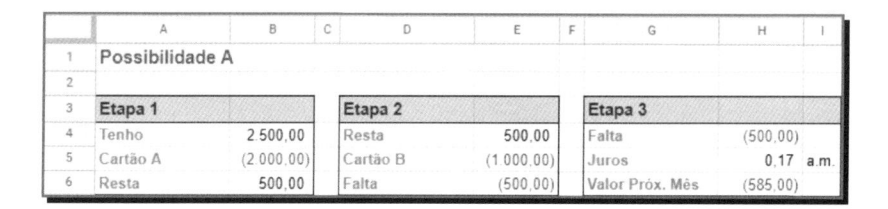

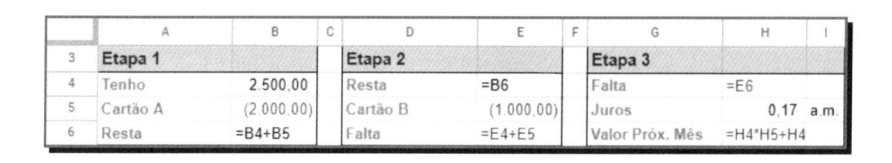

	A	B	C	D	E	F	G	H	I
1	Possibilidade A								
2									
3	Etapa 1			Etapa 2			Etapa 3		
4	Tenho	2.500,00		Resta	500,00		Falta	(500,00)	
5	Cartão A	(2.000,00)		Cartão B	(1.000,00)		Juros	0,17	a.m.
6	Resta	500,00		Falta	(500,00)		Valor Próx. Mês	(585,00)	

Cujas fórmulas estão identificadas na próxima imagem:

	A	B	C	D	E	F	G	H	I
3	Etapa 1			Etapa 2			Etapa 3		
4	Tenho	2.500,00		Resta	=B6		Falta	=E6	
5	Cartão A	(2.000,00)		Cartão B	(1.000,00)		Juros	0,17	a.m.
6	Resta	=B4+B5		Falta	=E4+E5		Valor Próx. Mês	=H4*H5+H4	

Possibilidade B

1. Esteja na célula **A1:** da folha **Possibilidade B1**.
2. Salve o arquivo com o nome **CARTÕES DE CRÉDITO**.

Neste exemplo será escolhido o pagamento integral do cartão com **menor** valor a vencer. Veja o cálculo:

▷ **Etapa 1:**

• Tenho:	R$ 2.500
• Cartão B:	– R$ 1.000
• Resta:	R$ 1.500

▷ **Etapa 2:**

• Resta:	R$ 1.500
• Cartão A:	– R$ 2.000
• Falta:	R$ 500

▷ **Etapa 3:**

• Falta:	R$ 500
• Juros:	x 17% a.m.
• Valor próximo mês	R$ 585

Essas etapas estão mostradas na planilha exemplo representada pela figura a seguir:

	A	B	C	D	E	F	G	H	I
1	Possibilidade B								
2									
3	Etapa 1			Etapa 2			Etapa 3		
4	Tenho	2.500,00		Resta	1.500,00		Falta	(500,00)	
5	Cartão A	(1.000,00)		Cartão B	(2.000,00)		Juros	0,17	a.m.
6	Resta	1.500,00		Falta	(500,00)		Valor Próx. Mês	(585,00)	

CONCLUSÃO:

Nesta hipótese testada na simulação, tanto faz pagar primeiro um ou outro cartão de crédito, pois ao final os valores com juros serão idênticos (R$ 585). Escolha a que te pareça ser mais adequada.

(Cont.) ➲

3. **Como faço para pagar dois cartões de crédito que oferecem taxa de juros diferentes? Detalhe: eu também não tenho o montante para quitá-los.**

Para este exemplo faremos uso dos mesmos valores fictícios dos cartões de crédito anteriores:

- Cartão A = R$ 2.000
- Cartão B = R$ 1.000

Porém, na primeira possibilidade será colocada uma taxa de juros menor para o cartão A e maior para o cartão B, como se vê:

- Cartão A = R$ 2.000 e taxa de juros de 10% a.m.
- Cartão B = R$ 1.000 e taxa de juros de 15% a.m.

Você continua tendo os mesmos R$ 2.500 para quitá-los o máximo que der.

PASSO A PASSO:

1. Esteja em Possibilidade A.
2. Selecione as células que estão na faixa **A1: I6**.
3. Copie para a célula **A9:**. Veja como deve ficar:

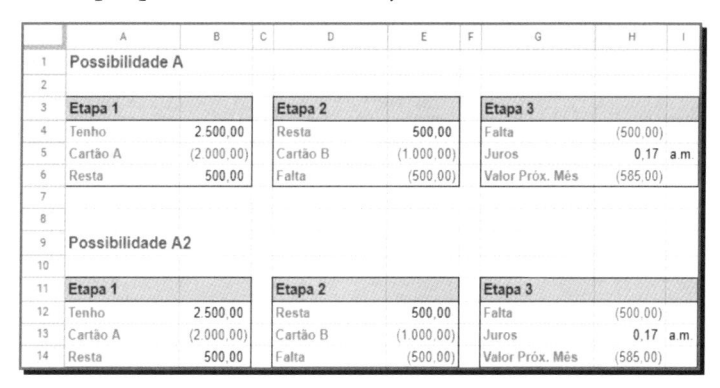

	A	B	C	D	E	F	G	H	I
1	Possibilidade A								
2									
3	Etapa 1			Etapa 2			Etapa 3		
4	Tenho	2.500,00		Resta	500,00		Falta	(500,00)	
5	Cartão A	(2.000,00)		Cartão B	(1.000,00)		Juros	0,17	a.m
6	Resta	500,00		Falta	(500,00)		Valor Próx. Mês	(585,00)	
7									
8									
9	Possibilidade A2								
10									
11	Etapa 1			Etapa 2			Etapa 3		
12	Tenho	2.500,00		Resta	500,00		Falta	(500,00)	
13	Cartão A	(2.000,00)		Cartão B	(1.000,00)		Juros	0,17	a.m
14	Resta	500,00		Falta	(500,00)		Valor Próx. Mês	(585,00)	

4. Altere em **A9:** o título para **Possibilidade A2**.

Possibilidade A2

Neste caso será simulada a escolha do pagamento integral do cartão com **maior valor** a vencer, porém com **menor taxa** de juros.

▷ **Etapa 1:**

• Tenho:	R$ 2.500
• Cartão A:	– R$ 2.000
• Resta:	R$ 500

▷ **Etapa 2:**

• Resta:	R$ 500
• Cartão B:	– R$ 1.000
• Falta:	R$ 500

▷ **Etapa 3:**

• Falta:	R$ 500
• Juros:	x 17% a.m.
• Valor próximo mês	R$ 550

PASSO A PASSO:

1. De maneira muito semelhante à feita anteriormente, deve-se estar em **Possibilidade B**.

2. Selecione as células que estão na faixa **A1: I6**.

3. Copie para a célula **A9:** para que seja criada a área **Possibilidade B2**, devendo ficar:

	A	B	C	D	E	F	G	H	I
9	Possibilidade A2								
10									
11	Etapa 1			Etapa 2			Etapa 3		
12	Tenho	2.500,00		Resta	500,00		Falta	(500,00)	
13	Cartão A	(2.000,00)		Cartão B	(1.000,00)		Juros	0,10	a.m.
14	Resta	500,00		Falta	(500,00)		Valor Próx. Mês	(550,00)	

Possibilidade B2

1. Altere o título que está na célula **A9:** para **Possibilidade B2**
2. Altere a célula **H13:** para "15%".

O resultado em **H14:** será "(575,00)", mais caro do que o apresentado na outra possibilidade, ou seja, você criou cenários para a sua tomada de decisão ser a mais bem elegida.

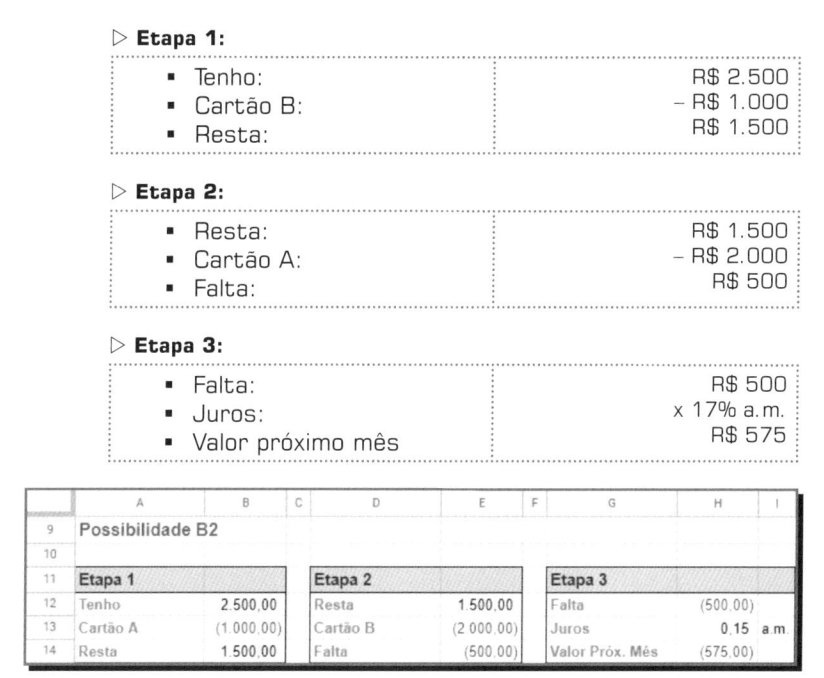

▷ **Etapa 1:**

• Tenho:	R$ 2.500
• Cartão B:	– R$ 1.000
• Resta:	R$ 1.500

▷ **Etapa 2:**

• Resta:	R$ 1.500
• Cartão A:	– R$ 2.000
• Falta:	R$ 500

▷ **Etapa 3:**

• Falta:	R$ 500
• Juros:	x 17% a.m.
• Valor próximo mês	R$ 575

	A	B	C	D	E	F	G	H	I
9	Possibilidade B2								
10									
11	Etapa 1			Etapa 2			Etapa 3		
12	Tenho	2.500,00		Resta	1.500,00		Falta	(500,00)	
13	Cartão A	(1.000,00)		Cartão B	(2.000,00)		Juros	0,15	a.m.
14	Resta	1.500,00		Falta	(500,00)		Valor Próx. Mês	(575,00)	

CONCLUSÃO:

Nesse caso hipotético, é mais vantajoso pagar o valor do cartão que tem maior dívida cuja taxa de juros seja menor do que o outro. Isto é sempre uma verdade? A resposta é não, pois deve-se levar em conta alguns fatores, como prazo, juros, valor de quitação, entre outros. Se você não fizer com calma uma análise dos cenários que criou, dificilmente terá certeza de uma boa escolha!

(Cont.) ➲

Perceba que se forem alterados os valores das taxas de juros, não necessariamente se mantém inalterada a solução encontrada, por exemplo:

- Cartão A = R$ 2.000 e taxa de juros de 6% a.m.
- Cartão B = R$ 1.000 e taxa de juros de 7% a.m.

Hipótese A)

R$ 2.500 – R$ 2.000 = R$ 500

R$ 500 – R$ 1.000 = – R$ 500

– R$ 500 x 7% = – R$ 535

Hipótese B)

R$ 2.500 – R$ 1.000 = R$ 1.500

R$ 1.500 – R$ 2.000 = – R$ 500

– R$ 500 x 6% = – R$ 530

Portanto, dependerá dos valores envolvidos e das respectivas taxas de juros.

	A	B	C	D	E	F	G	H	I
17	Hipóteses								
18									
19	Etapa 1			Etapa 2			Etapa 3		
20	Tenho	2.500,00		Resta	500,00		Falta	(500,00)	
21	Cartão A	(2.000,00)		Cartão B	(1.000,00)		Juros	0,07	a.m.
22	Resta	500,00		Falta	(500,00)		Valor Próx. Mês	(535,00)	
23									
24	Etapa 1			Etapa 2			Etapa 3		
25	Tenho	2.500,00		Resta	1.500,00		Falta	(500,00)	
26	Cartão B	(1.000,00)		Cartão A	(2.000,00)		Juros	0,06	a.m.
27	Resta	1.500,00		Falta	(500,00)		Valor Próx. Mês	(530,00)	

3.5 Passeio ao supermercado

É muito importante esse tópico, pois ele tratará diretamente de assuntos como:

- Estocagem;
- Oportunidade;
- Economia direta na compra;
- Quem levar às compras;
- Acompanhamento trimestral das compras.

3.5.1 Estocagem e mantimentos

Estocagem é a maneira como são guardados os alimentos e demais itens comprados em um supermercado.

Basicamente, trabalha-se com:

- Alimentos;
- Produtos de limpeza;
- Higiene pessoal.

Existem alimentos que são mais duráveis do que outros, e a maneira como irá armazená-los poderá trazer maior economia, ou não, ao seu dinheiro.

Os alimentos secos podem ser guardados em potes transparentes de vidro com etiqueta de validade, como arroz, feijão e farinhas. Com potes de vidro é possível ver corretamente o alimento e protegê-lo por maior tempo do aparecimento de insetos, caso do caruncho.

Na geladeira, procure colocar os alimentos mais duráveis embaixo, caso das frutas e legumes ou de folhagens mais duras. Na prateleira do meio, aqueles que estão em uso, como arroz ou feijão e, na prateleira superior, aqueles que duram menos tempo, como queijos, presuntos, margarinas e manteigas. Evite deixar potes ou alimentos na frente da ventoinha do refrigerador, pois ela serve para ajudar na distribuição do ar e da temperatura correta.

Com relação aos produtos de limpeza, procure comprar o que realmente tem o hábito de usar. Veja mais a seguir em Oportunidades.

3.5.2 Oportunidades

A oportunidade de uma boa compra se dá às vezes na aquisição dos panfletos dos supermercados, compare o que cada um oferece e faça a compra com base nas ofertas anunciadas, se elas se provarem devidamente vantajosas, mas somente daquilo que realmente se utilizará nos próximos dias.

Não compre 3 litros de iogurte somente pelo fato de o preço estar bom, como no caso de "Acima de 3, ganhe desconto de 10%", se só você em casa irá consumir. Veja o prazo de validade para não se arrepender depois da compra malfeita.

3.5.3 Economia direta na compra

A economia se dá principalmente ao aproveitar as ofertas anunciadas, mas considere o tempo em que ficará no supermercado, pois outras pessoas fazem a mesma coisa, deixam para ir nestes dias de oferta. Nem sempre o mais barato é o mais vantajoso, procure escolher as coisas de acordo com a qualidade oferecida e com o seu desejo, juntamente com a oportunidade e a necessidade da compra.

E lembre-se: não vá ao supermercado com fome, alimente-se antes em casa para depois fazer as compras.

3.5.4 Quem levar às compras

Apenas as pessoas que irão de alguma maneira ajudar, sem palpites e desejos por mimos. Evite levar as crianças, pois elas são consumidoras ávidas por guloseimas e se for ceder a todos os caprichos sua conta será muito alta ao passar pelo caixa.

3.5.5 Acompanhamento trimestral das compras

É interessante ter um acompanhamento trimestral das compras para verificar a variação dos preços e as aquisições ditas como importantes, essenciais e fúteis.

3.6 Finanças em casa

Sempre digo para os meus amigos treinandos que vivemos constantemente sob as regras da Matemática Financeira. Mesmo que não a entendam em sua totalidade, estão sempre lidando com empréstimos, financiamentos, compras a prazo, etc.

E todas elas necessitam de informações para calcular:

- Prazo;
- Taxa de Juro;

- Valor de pagamento;
- Acúmulo de riqueza;
- Total pago em um determinado bem;
- E muitas outras coisas.

3.6.1 Simular a compra da TV

Lembra da história que contei da TV Telefuken? Que seria melhor tê-la ainda funcionando, inteira, uma verdadeira relíquia, do que comprar uma nova? Neste dia no treinamento, estava passando os conceitos iniciais de se saber gastar dinheiro, quando uma aluna me pergunta o que ela faria se a TV dela quebrasse. Respondi: "Compra outra à vista e, se possível, a melhor que puder!". Para isto ela deveria ter o valor da TV em reserva em uma Caderneta de Poupança ou um Fundo Pessoal de Emergências, por exemplo. Será feita a simulação da compra da TV de duas maneiras, a saber:

- À vista;
- A prazo.

Caso aconteça de a televisão quebrar no mês de fevereiro (conforme a hipótese que será comentada). O que deverá ser feito?

1. Comprar uma TV nova à vista;
2. Comprar uma TV nova a prazo, desde que a parcela caiba no seu bolso;
3. Levá-la para o conserto e orçar;
4. Esperar ter dinheiro para comprar uma TV nova e neste ínterim ficar sem TV.

▷ AUXÍLIO À ANÁLISE

Em fevereiro há um resultado negativo referente ao saldo do mês anterior que fechou no vermelho.

1. Assim sendo, fica inviável comprar a TV à vista, pois não se terá o valor necessário para a aquisição.

2. Comprá-la a prazo deve ser analisado friamente, pois existem as promoções de "12 vezes sem juros!" e, neste caso, deve-se fazer uma pesquisa de mercado para verificar se vale a pena adquirir uma dívida na situação atual. Quando a oferta vem com a seguinte chamada: "Em 18 vezes fixas com a menor parcela do Brasil!", talvez sejam realmente as mais baixas do mercado, mas na soma de todas as parcelas quantas TVs se está pagando ou quanto a mais está dando ao comerciante?

3. Levá-la ao conserto é uma hipótese um pouco mais viável, mesmo que não se tenha muito dinheiro agora, pois se pode dividir o pagamento do conserto em algumas vezes, sem onerar tanto os compromissos financeiros da família;

4. Ficar sem TV pode ser uma boa, caso a família conte somente com pessoas adultas, ou quando há uma criança e os pais são muito criativos, aí as crianças poderão ocupar o tempo com gincanas, brincadeiras e desafios ou então o tédio tomará conta e os pais verão a necessidade de se ter novamente uma TV em casa, e o mais breve possível;

5. Sempre há a possibilidade de usar o celular como uma central de entretenimento, mas aí cabe a pergunta: "Vale a pena?", depois para tirar é um sufoco – isto se conseguir, pois será mais traumático do que se fosse uma chupeta.

Seja qual for a escolha de aquisição, tenha em mente que deverão (todos da família) fazer mais arrocho na diminuição dos outros gastos. Vejamos algumas variáveis para auxiliar no problema:

1. A TV é muito antiga, não se achará peças facilmente e o custo, além da garantia, não compensará;

2. A TV é muito moderna, acabou de sair da garantia e onerará muito bancar a manutenção.

O ideal e óbvio é que não se espere precisar para se tomar a atitude de comprar a TV. Dever-se-ia ter o dinheiro em uma reserva e abrir mão deste fundo para a compra à vista. Simples assim!

Se a TV tivesse quebrado, por exemplo, no mês de agosto, já teriam um valor suficiente para comprar uma nova. Mas o dinheiro deveria estar parado na conta-corrente? Creio fielmente que **não**, pois dinheiro parado não está trabalhando para você, ou seja, temos de usar de algumas estratégias para fazer o dinheiro trabalhar por nós.

EXERCÍCIO

Anote aí em uma caderneta tudo o que deve ser pago no início do ano. É comum se reclamar que os gastos neste período são muito altos e muitas vezes corremos para obter o crédito e parcelar as coisas em muitas vezes. Vou ajudar com alguns:

- IPTU;
- IPVA;
- Rematrículas;
- Uniformes;
- Material escolar;
- Atualização do seguro;
- Entre outros diversos itens.

Suponhamos que isto lhe onere em torno de R$ 3.200, o que fazer?

Como disse anteriormente, deve-se ter uma área na planilha que aponte esses custos, pois todos sabem que os terão, mas pouco é feito para se proteger deles. Sugiro então o seguinte: faça o próximo cálculo em qualquer célula vazia ou em uma calculadora:

=3200/12

Ao teclar <Enter> perceberá que o resultado será:"267" devidamente arredondado. Pegue esta quantia e a coloque numa Conta Poupança que se estiver pagando em torno de 0,57% a.m.[8] terá um pouco mais do que se deixasse no colchão ao final, ou seja, "R$ 3.306,38".

Uma diferença a seu favor de R$ 106,38. Desta forma, você se protegerá mais por ter provisionado todo mês uma quantia comprometida para os pagamentos das contas de início de ano. E mais: protegerá assim o seu 13º salário que poderá ser usado de maneira mais nobre do que simplesmente pagar contas. Como deveria estar apontado isto em nossa planilha de orçamento?

---

[8] Taxa hipotética, apenas para efeito de estudo.

PASSO A PASSO

1. Carregue o arquivo **ORÇAMENTO DOMÉSTICO**. Deverá ser inserida uma nova linha.

2. Selecione a linha **51**. Caso não se lembre, basta clicar com o botão direito do mouse sobre a linha em questão e escolher a opção **Inserir 1 abaixo** (se estiver usando **Planilhas Google** – se estiver com o **Excel**, basta escolher **Inserir**).

3. Na célula **A51**: escreva: "Reserva Início de Ano" justamente para se ter um dinheiro reservado para o pagamento de contas no início do ano seguinte.

4. Para cada mês do ano insira o valor "266,67", veja a seguir como deverá ficar.

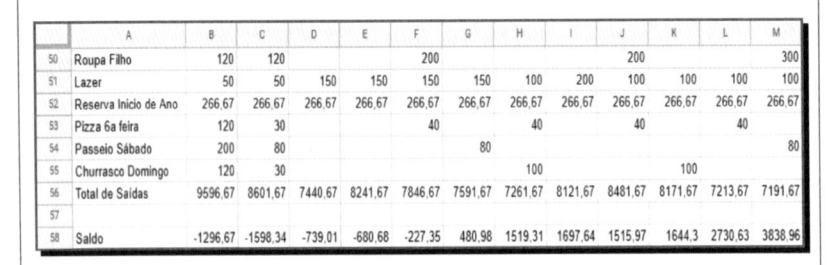

	A	B	C	D	E	F	G	H	I	J	K	L	M
50	Roupa Filho	120	120			200				200			300
51	Lazer	50	50	150	150	150	150	100	200	100	100	100	100
52	Reserva Início de Ano	266,67	266,67	266,67	266,67	266,67	266,67	266,67	266,67	266,67	266,67	266,67	266,67
53	Pizza 6a feira	120	30			40			40			40	
54	Passeio Sábado	200	80					80					80
55	Churrasco Domingo	120	30					100			100		
56	Total de Saídas	9596,67	8601,67	7440,67	8241,67	7846,67	7591,67	7261,67	8121,67	8481,67	8171,67	7213,67	7191,67
57													
58	Saldo	-1296,67	-1598,34	-739,01	-680,68	-227,35	480,98	1519,31	1697,64	1515,97	1644,3	2730,63	3838,96

5. Isso afetou todas as outras fórmulas e, se reparar, haverá menos dinheiro disponível em dezembro, porém as contas estarão garantidas na hora de pagá-las.

6. Salve e feche esta planilha.

3.6.2 Uma segunda lua de mel por R$ 100

Digo que todos nós temos R$ 100 na carteira. As minhas turmas se espantam, pois não creem no que ouvem. Podem não ter neste instante, mas quantas vezes gasta-se dinheiro com "bobagens" e logo se vão embora os R$ 100, R$ 200?

PASSO A PASSO

1. Abra uma nova planilha.
2. Salve-a com o nome **SONHO**.
3. Na célula **A1:** digite a seguinte fórmula:
   = 100/30
4. Ao teclar <Enter> o resultado será "3,3333".

   Gastamos ao dia com bobagens muito mais que R$ 3,33. Seja em doces, lanchinhos, cafezinhos, pulseiras, brincos, sapatos, etc.

5. Na célula **A2:** imediatamente abaixo, deixo apenas o valor "100" escrito.

   Proponho um sonho bastante simples: feche os olhos e se imagine conhecer Fernando de Noronha/PE ou a Serra Gaúcha/RS, locais aprazíveis e que ficam em extremos do Brasil. Difícil encontrar alguém que nunca tenha tido vontade de ir para um deles. Porém, fácil encontrar pessoas que nunca colocaram a viagem como plano a ser seguido.

   Pois bem, tenho uma excelente notícia para você, se colocar na poupança os R$ 100 por mês que você gasta com bobagens durante 5 anos (apenas cinco anos) poderá ir e levar quem ama para te acompanhar.

(Cont.) ➲

PASSO A PASSO

"Como André?!". Uma planilha te ajudará a fazer isto. E o melhor: de graça!

Suponhamos que a poupança esteja rendendo 0,27% ao mês.

6. Coloque na célula **A3:** o valor "0,27%";

7. Na célula **A4:** insira o valor "60" (referente aos 5 anos, ou seja: 5 anos x 12 meses = 60 meses).

8. Posicione o cursor na célula **A5:**.

9. Execute o comando:
   - Inserir;
   - Função;
   - Financeiro.

10. Localize a função **VF** que significa **Valor Futuro**. Em que temos:
    - **Taxa**: aponte para a célula **A3:**, pois é o local em que está a **taxa** do rendimento mensal da Poupança.
    - **Nper**: aponte para o **prazo** (**n per**íodos) na célula **A4:**.
    - **Pgto.**: aponte para o valor que deseja depositar (quanto será **pago** para este investimento); porém, deve-se colocar o sinal de subtração "-" antes de clicar em **A2:**, por significar que esta quantia estará "**saindo**" de seu bolso, ou seja: "Isto não te pertence mais!".

(Cont.)

PASSO A PASSO

- **VP**: refere-se ao **Valor Presente**, neste caso não será necessário colocá-lo.
- **Tipo**: refere-se ao início ou final do mês o depósito efetuado. Também não será necessária a sua colocação.

✍ =VF(A3;A4;-A2)

11. O resultado deverá ser: "R$ 6.503,84".

12. Salve o arquivo.

	A	B
1	33,33333333	
2	100	depósito mensal
3	0,27%	juros mensais
4	60	tempo em meses
5	R$ 6.503,84	total a receber

Você terá dinheiro suficiente para pagar esta segunda lua de mel, ficando o casal por uma semana bem hospedado, com passeios lindos e momentos marcantes cujos laços matrimoniais serão reforçados, e pode-se investir em uma alegria com duas novas experiências: poupar e usufruir.

Mudar o pensamento é
fundamental para que isto ocorra!

Começar a pensar como empreendedor, como pessoa que puxa as rédeas para si e faz acontecer! Permita-se vislumbrar as possibilidades e brinde a si mesmo com o sucesso posterior! Quem gasta dinheiro com chocolate, bombom, docinhos, pulseiras e outras coisas deixa de fazer muitas viagens pelo Brasil e pelo mundo. Tenha certeza de que o Ministério da Saúde e o Ministério do Turismo agradecem.

3.7 Evolução: Da viagem à compra do carro

Agora você já consegue pensar na possibilidade de uma viagem. A mesma forma de pensamento torna possível a compra de um carro novo pagando à vista. Vale a mesma ideia do televisor Telefunken. Imagine que ainda se tenha um Corcel que funciona direitinho. Por que trocar?

Se for um carro que funciona, não dá problemas mecânicos e nem manutenções por quebra, então creio que valha a pena mantê-lo e, talvez, vendê-lo posteriormente como relíquia, cujo valor quem determina é o proprietário.

Nesta simulação, o nosso herói Alaor Tobias deseja comprar um carro de padrão médio, mas com bastante itens de conforto e certo requinte. Suponhamos que o carro desejado custe R$ 65.000. Ele sabe que precisará juntar todo mês uma quantia para poder comprar o carro à vista (esta é uma premissa da qual Alaor não abre mão: ter o gosto de comprar um carro pagando **"nota sobre nota"**).

A questão aqui é: em quanto tempo Alaor conseguirá juntar o valor necessário para a aquisição do sonhado carro, pois ele dispõe todo mês de R$ 1.800 sem comprometer em nada suas finanças pessoais?

PASSOS

1. No arquivo **SONHO**, abra a segunda planilha.
2. Escreva em **A1:** "Meu carrão".
3. Na célula **B1:** escreva: "65000" referente ao valor do carro desejado.
4. Na célula **A2:** escreva: "Valor a aplicar"
5. Na célula **B2:** escreva: "1800" referente ao valor disponível para depositar na aplicação.
6. Na célula **A3:** escreva: "Taxa de juros".
7. Em **B3:** escreva: "0,27%".
8. Na célula **A5:** escreva: "Tempo p/ poupar".
9. Salve a planilha.

	A	B
1	Meu Carrão	65000
2	Valor a aplicar	1800
3	Taxa de juros	0,27%
4		
5	Tempo p/ poupar	

3.7.1 Calcular o tempo para se juntar aquela grana

Para se descobrir em quanto tempo se conseguirá acumular a quantia necessária para a compra do carrão usa-se a função **NPER**, que indicará quantos "**n**" períodos serão necessários a fim de se acumular o valor desejado.

▷ CONSTRUÇÃO DA FÓRMULA

1. Clique na célula **B5:**.
2. Comece a escrever a fórmula como: "=NPER(". Esta função traz alguns argumentos, **taxa** significa a taxa do rendimento mensal da aplicação; portanto, em nosso exemplo, deve ser apontado para a célula **B3:**, pois é o local em que está a informação da taxa.
3. Insira o sinal de ";" para mudar o argumento para **Pgto** (é o quanto você está destinando para o depósito), neste caso deve-se inserir o sinal de subtração (-)[9] e clicar na célula **B2:**.
4. Insira outro ";" para mudar o argumento; porém, desta vez, para apontar para **VP** (refere-se ao **Valor Presente** do bem, que neste caso será o valor da célula **B1:**). Hoje o bem custa $65.000.
5. Finalize com <Enter> ou fechando o sinal de parênteses.

---

[9] Sempre que o dinheiro "sai" do seu bolso, seja para pagar alguém ou investir em algo, deve-se colocar o sinal de "menos", pois é uma saída de capital do seu bolso (não importando para quê, mas o fato é que este dinheiro não está mais disponível – ao menos, não agora).

Os demais argumentos não precisam ser colocados (nesse caso).

- VF: refere-se ao **Valor Futuro**, não precisará ser apontado neste caso.
- **Tipo:** refere-se ao início ou final do mês em que o depósito será efetuado. Também não será necessária a sua colocação.

A fórmula deverá ficar como apontada a seguir:

✎ **=NPER(B3;-B2;B1)**

Ao terminar, finalize com **OK**. O resultado apresentado será: "38,046" meses, ou seja: 3 anos e 2 meses.

	A	B
1	Meu Carrão	65000
2	Valor a aplicar	1800
3	Taxa de juros	0,27%
4		
5	Tempo p/ poupar	38,04630312

Agora é só aproveitar e sair dirigindo o seu carrão pago à vista!

04

VAMOS FALAR DE CARROS?

O assunto se torna a cada dia mais polêmico por existirem pessoas que abordam novas teorias e práticas no uso consciente do carro como objeto diário de locomoção. Desde o impacto ambiental, passando por questões de uso compartilhado e orçamento familiar para a sua manutenção, ou até mesmo optar por outro tipo de veículo, seja ele elétrico, bicicleta ou moto.

4.1 Aquisição do carro

Este é o momento em que haverá a simulação da compra do carro por meio do financiamento, seja ele por CDC ou por Leasing ou ainda, se preferir, por consórcio.

4.1.1 CDC (Crédito Direto ao Consumidor)

A documentação do veículo, nesta categoria de financiamento, já sai no nome do comprador, este será o detentor do direito de propriedade do bem.

- É um produto de linha de crédito que exige do contratante a aprovação de seu perfil (não devem existir restrições no nome);
- Sofre tributação IOF (Imposto sobre Operações Financeiras);
- Pode ou não ter valor mínimo de entrada, normalmente em torno de 20% do valor do veículo;
- Prazo normalmente fixado em até 60 meses (5 anos)[1];
- No caso de querer antecipar o pagamento de algumas parcelas os juros serão excluídos, diminuindo assim o valor;
- Juros um pouco maiores do que os do Leasing.

4.1.2 Leasing (Arrendamento Mercantil)

É como se fosse um aluguel em que o bem continua alienado ao banco até o fim do contrato. Usado comumente por empresas que efetuam a apuração de lucro real, e não presumido, pois o veículo é incluído no balanço contábil como despesa, e não como ativo imobilizado.

- Juros menores se comparado ao CDC;
- O Recibo de Compra e Venda do Veículo é o documento que comprova quem é o proprietário do carro (permite sua venda ou transferência), sai com o nome do banco financiador e não o seu. Terá somente o DUT

---

[1] Pode variar de acordo com determinações do Banco Central.

(Documento Único de Transferência[2]) no nome do banco financiador para poder circular;

- Pouquíssima redução do valor das parcelas como desconto, quando há o desejo de antecipar o pagamento delas.

4.1.3 Consórcio

Trata-se de uma empresa administradora que organiza, coordena e gerencia um grupo de pessoas que se comprometem a pagar uma prestação mensal destinada à compra futura de um bem.

- Taxa de administração: no consórcio você paga apenas uma taxa de administração, e não juros (como no leasing e no CDC), mas pagará a mais – isto é fato, e no mínimo 25%; portanto, um carro de R$ 100.000 você pagará por usar o serviço do consórcio o mesmo que R$ 125.000;
- Não exige análise de crédito do comprador;
- Sorteios: mensais para antecipação do valor do crédito para a compra do carro;
- Lances: leilões mensais para antecipação do valor do crédito para a compra do carro.

Considerar ainda (no caso de veículos):

---

[2] O DUT atualmente é chamado de ATPV-e (Autorização para Transferência de Propriedade do Veículo em meio digital).

- Prazos diversos, porém é muito comum encontrar grupos de 80 meses;
- Taxa de administração em torno de 25%;
- Fundo de reserva em torno de 1%;
- Seguro de vida: optativo no momento da aquisição do plano.

Outras informações deverão ser vistas e contidas em contrato. Fique atento, pois **quebrei a cara nesta pegadinha!**

Quando se escolhe um consórcio de carro, a parcela aumenta a cada novo valor que a montadora acresce ao veículo, ou seja, se ele sofreu um reajuste de 10%, o valor de sua parcela subirá. Ou seja, se quiser um consórcio pelas características que ele apresenta, esteja preparado para alguns inconvenientes que estes novos valores podem impactar em sua vida. Como eu não sabia, sofri com parcela inicial na ordem de R$ 500 e indo ao final do período (tive de vender o carro 14 meses antes por não aguentar pagar) para R$ 987 – em seis anos!

05

VAMOS FALAR DE LEILÕES?

O maior objetivo aqui não é defender este ou aquele modelo, mas apontar possibilidades de se investir dinheiro e tempo. Sempre que se opta por um determinado investimento, sejam letras de câmbio, animais de raça, mercado futuro, *startup*, filiação de produtos ou franquia, tem de se fazer a lição de casa, ou seja, simular com cenários!

Não é porque o amigo disse ou que o parente falou que você sairá correndo para fazer igual. Acho que esta lição já passamos, mas sempre vale relembrar! É necessário estudo e calma, não apenas assistir a uma ou outra opinião na internet, mas inclusive as contrárias e pesar os prós e os contras – sem demora, preferencialmente! Não existe dinheiro fácil! Existe trabalho árduo com conhecimento e, mesmo assim, sempre há o risco!

Os riscos são todas e quaisquer variáveis (pensadas e analisadas, ou não – aquelas mais obscuras que só se percebe de dentro do jogo; como as pegadinhas); portanto, muna-se de informação, simule, busque opiniões e crie uma rede de contatos.

5.1 Leilão de carros

É uma boa alternativa quando se tem dinheiro e um excelente mecânico e funileiros para fazerem o serviço de recuperação do veículo (quando necessário).

Um carro vindo de leilão, tende facilmente a ter o seu valor depreciado, mesmo que esteja em excelente estado (coisa rara, mas que existe). Um carro de leilão pode ser usado de duas maneiras:

- **Para uso próprio**: o que já é uma bela forma de investir e usufruir, depois basta colocá-lo à venda, muitas das vezes próximo do valor de mercado;
- **Para negociação**: revender o carro, que foi adquirido por 20% ou 30% do valor, feita a devida manutenção e a guarda dos recibos das oficinas e das ordens de serviços das manutenções, além de limpar e anunciar.

Há mais uma coisa: os carros vindos de leilão terão especificado no documento esta origem, porém o pensamento tem de ser para uso próprio em vez de querer comercializar visando lucro, é a melhor forma, realmente.

5.1.1 Como participar

Antes de querer participar, entenda isto como um negócio para se ganhar dinheiro e que também oferece riscos por si só, todavia há as fraudes, das quais você tem de saber antes. Mais uma vez, não tem de sair correndo, é preciso pesquisar, principalmente na Junta Comercial de seu estado, pois muitos golpistas imitam páginas oficiais e dizem que estão em conformidades com todos os órgãos e inclusive mostram os símbolos deles...

- Desconfie de ofertas muito vantajosas;
- Veja o número do CNPJ e o pesquise;
- Veja o endereço e entre no Google Maps para verificar se a fachada é realmente a de um leilão de carros[1].

5.1.2 Como escolher o lote

Tudo devidamente em ordem, seu próximo passo será entrar no site, se inscrever e buscar pelos lotes[2] que te interessam. Uma vez identificado, você poderá ir ao local para efetuar suas observações, assim como também poderá verificar pela internet, no site do leiloeiro.

5.2 Leilões de Imóveis

Como eu gosto de alertar e falar, não dá para sair correndo, é preciso pesquisar muito bem sobre qualquer assunto que envolverá o **seu dinheiro**! Com leilão de imóveis, as mesmas atenções têm de ser dadas com relação à empresa e ao leiloeiro (isto vale para

---

[1] Uma vez me interessei por um lote e fui pesquisar a empresa de leilão, mesmo que o anúncio fosse o mais aparentemente idôneo, ainda assim fiz as devidas buscas nos sites, como por exemplo: ReclameAqui, além de verificar na Junta Comercial e também no Registro.br; e, para a minha surpresa, sempre havia alguma informação desencontrada - neste caso vale a máxima: 'Na dúvida, não faça!'.

[2] Um lote pode ser um produto ou um conjunto de produtos.

qualquer leilão). Depois, leia atentamente o edital e, se precisar, procure auxílio em advogados especializados na área, mas, em vias gerais, tem de se atentar se:

- O imóvel está ou não ocupado;
- Há dívidas de taxa condominial;
- Há dívida com IPTU;
- Há ação judicial.

Estas questões acima influenciarão diretamente no valor do imóvel, além do cansaço em se resolver problemas financeiros, judiciais e burocráticos.

Procure verificar também a comissão do leiloeiro, assim como acontece com os veículos. De nada adianta ter uma excelente oportunidade se o estado do imóvel não for bom ou maquiar problemas reais de instalações hidráulicas e/ou elétricas, de estrutura, de mofo, etc. Ou seja, deve-se ter atenção criteriosa em todos os requisitos e fazer uma listagem, como um *checklist*.

5.2.1 Financiamento

Dentre os chamarizes que estão acerca da aquisição de imóveis de leilão é o fato de muitos oferecerem a possibilidade de financiar o imóvel, ou seja, não necessariamente deverá ter o valor à vista para concluir a negociação, entretanto, o valor do leiloeiro não entra no financiamento, e após o arremate deverá ter a quantia destinada a ele.

É necessário verificar no edital quais as condições de financiamento, tais como entrada, período e valores.

5.2.2 Possibilidade de bons negócios

Por uma série de questões, podem surgir possibilidades de bons negócios, mas, para tanto, não deixe de aprender com advogados e especialistas na área. Este livro simplesmente aponta esta possibilidade de aquisição para usufruto ou negociação; portanto, não deixe de se informar com quem saiba mais, conforme orientação já dada.

06

FELICIDADE E DINHEIRO

O dinheiro, por ser apenas dinheiro, proporciona a você o direito de usá-lo em busca de qualidade, seja na forma de comida, bebida, passeios, roupas, carros, imóveis, etc. Por mais prazeroso que isto tudo seja e proporcione, ainda assim, não são sinônimos de felicidade, mas apenas estados breves de alegrias. De novo: não há nada de errado nisto!

Todavia, há de se entender que em momentos de crises, que podem aparecer na vida de qualquer pessoa, é necessário que todos estejam preparados e em harmonia para passar pela tormenta. Se todos no barco se desesperarem, o rumo ficará comprometido e a segurança de todos pode findar em uma catástrofe.

6.1 Uma grande certeza

De nada adianta você fazer todas as lições que grandes nomes indicam em termos de poupar e investir se do outro lado há uma ação de se gastar o que se tem, **mesmo quando NÃO se tem**! Saber gastar é tão importante quanto saber poupar.

6.1.1 Gastar menos

A ideia não é escolher duas pizzas ao preço de uma. Isto não é saber gastar, mas se sujeitar a comer mais e, provavelmente, com qualidade menor. Se a situação fosse a de receber visitas inesperadas e precisar atender àquela demanda de famintos, vale a primeira situação, comprar duas ou quatro pela metade do preço.

Perceber em que momento usar desta ou daquela ação é o que te diferenciará da pessoa leviana com os próprios recursos. Se o casal (quando for o caso) não estiver ciente do esforço inicial que isto exige, não saberá adequar a sinergia para um bem maior. Quando se passa alguns meses nesta maneira de atuar, logo se tornará hábito e aí tudo passa a ser mais tranquilo e natural.

Serão felizes por saberem usar os momentos de alegria que o dinheiro pode proporcionar, bem como evitarão brigas desnecessárias que só servem para minar o respeito e a confiança que um deve ter pelo outro.

6.2 Outra excepcional certeza

Os gastos são necessários e não temos como evitá-los, porém, saber gastar se faz necessário para o sucesso financeiro da família ou do indivíduo.

6.2.1 Saber gastar

A qualquer instante nas nossas vidas podemos aplicar qualquer desses conceitos. Sou extremamente contra simulações que mostram o indivíduo com 20, 30, 40, 50 ou 60 anos para começar a aplicar em busca do número mágico: um milhão! Claro que a ideia é ilustrar que o pensamento de poupar e investir se faz necessário para a saúde financeira, mas o indivíduo com idade mais avançada pode facilmente se desanimar. Não é o caso dos leitores deste livro.

Basicamente, gastar tem de ser uma ação inteligente como qualquer outra. Não se pode deixar levar pelo impulso! Pensar em gastar todos pensam, saber gastar é para poucos. Por exemplo:

I. **Clube de Milhas – Programas de Fidelização de Clientes**

Empresas como Multiplus, Smiles, Dotz, Livelo, TudoAzul e Programa Amigo (salvo algum programa que eu não tenha listado – peço encarecidamente que me perdoem), são programas de fidelidade de consumidores que, basicamente, oferecem os mesmos tipos de vantagens, como, por exemplo, pontos acumulados que possam ser trocados por passagens aéreas, diárias em hotéis e locação de veículos.

Essas empresas se associam a outras em parceria, tais como:

- bancos;
- supermercados;
- farmácias;
- postos de gasolina;
- restaurantes;
- lojas *online*;
- companhia aéreas;
- empresas de cartões de crédito.

São alguns dos exemplos desta junção de interesses em que as empresas divulgam suas marcas, fazem promoções de seus produtos, usam de uma mesma base de clientes e, do outro lado, consumidores sempre ávidos em consumir, querendo ou não.

COMO FUNCIONA?

Imagine que tenha de abastecer o seu carro com algum combustível e que seu gasto seja de R$ 100. Você pode:

a) Pagar com dinheiro ou no cartão de débito; Conclusão: tanque cheio, segue viagem, sem nenhum benefício além disto.

b) Pagar no cartão de crédito;
  - Cartão de crédito com a bandeira do clube que você faz parte;
  - O posto escolhido ser da bandeira do clube que você faz parte;
  - Ser o seu posto de preferência (que habitualmente abastece), da bandeira desejada e que aceita o clube que faz parte – UFA!

CONCLUSÃO: Tanque cheio, segue viagem e com o **valor agregado** de se beneficiar de pontos que podem ser trocados por passagens, locação de carros ou diárias em hotéis, sempre obedecendo as regras de uso de validade para se usufruir dessas vantagens.

OUTRO EXEMPLO: viu uma promoção: um celular em um dos magazines que fazem parte da rede de clubes de milhagens.

- Efetuar a compra e só ter o benefício do bem adquirido ou;
- Fazer a mesma compra, em loja parceira, comprando com o cartão que pontua/acumula os pontos de fidelização.

Na mesa estão as duas possibilidades de escolha! Faça a sua!

Entenda que estes programas fomentam o interesse nas pessoas em adquirir cada vez mais produtos e serviços. Casos como o do posto de combustível em que a pessoa não tem como escapar, vale sim o pagamento por meio de cartão associado à pontuação juntamente com o posto de preferência. A parcimônia deve ser seu guia.

No exemplo do celular fica a ressalva, sem usar da desculpa que se ganha x mil pontos na troca. Isto seria consumo burro! Saber gastar, portanto, é: na ação de aquisição de bens e serviços procure aquele que te ofereça mais vantagens.

Consumo consciente é aquele que diante da oportunidade de se fazer uma escolha, esta seja a mais vantajosa, por exemplo: um posto de combustível, aqui chamado de A, oferece gasolina por R$ 2,50, enquanto o seu concorrente, aqui denominado B, oferece o mesmo produto por R$ 2,39. Qual escolher?

A resposta parece ser óbvia, e talvez seja mesmo; no entanto, o primeiro posto (A) é o de sua preferência, de sua bandeira e que pode pagar com o cartão de crédito do clube de compras, enquanto o segundo posto (B), aceita somente o seu cartão de crédito. Pronto, já não é tão óbvio – de qualquer forma, a escolha é sua e cabe a você fazê-la de acordo com a conveniência e as vantagens do momento. Use o cartão com sabedoria e parcimônia. Seu patrimônio, sua riqueza e a sua família agradecerão.

07

ENTIDADES DE AUXÍLIO

De uma maneira geral, sempre quem lida com dívidas tem abalado o seu lado psicológico, seja antes, durante ou depois do processo. A apresentação de algumas entidades aqui é para que a pessoa que percebeu que está envolvida com um problema sério possa lidar com essa situação e ter um ponto de partida, perceber que, assim como ela, outras tantas sofrem de forma semelhante.

7.1 Alerta a golpes

Cuidado com o golpe do crédito fácil!

É muito comum em classificados encontrar anúncios de empréstimos de dinheiro por taxas bem baixas e a perder de vista. Muitas pessoas ficam entusiasmadas com essa possibilidade, pois esse dinheiro poderá servir para quitar uma dívida mais pesada ou ampliar o negócio, entre outras duzentas justificativas plausíveis, que podem fazer uma pessoa de bem se tornar uma vítima ainda mais endividada.

7.1.1 Como acontece o golpe?

O anúncio oferece quantias por taxas bem baixas e com prazos dilatados; todavia, pede uma porcentagem ou uma quantia antes de liberar o crédito. É nesse ponto que existe o golpe!

Na dúvida, entre em contato com as instituições:

Bacen – Banco Central do Brasil

Endereço net: http://www.bcb.gov.br

Fone: 0800 979 2345 | 0800 642 2345

Febraban – Federação Brasileira de Bancos

Endereço net: http://www.febraban.org.br/

Fone: (11) 3244-9800 | (11) 3186-9800

DA (Devedores Anônimos)

Site: http://www.devedoresanonimos-sp.com.br/

AA (Alcoólicos Anônimos)

Site: http://www.alcoolicosanonimos.org.br/

Fone: (11) 3229 3611 | (11) 3313 3395

NA (Narcóticos Anônimos)

Site: http://www.na.org.br/telefones

EA (Emocionais Anônimos)

Site: http://www.emocionaisanonimos.com

Bibliografia

BYRNE, Rhonda. **O segredo**. Rio de Janeiro: Ediouro, 2010.

CERBASI, Gustavo. **Casais inteligentes enriquecem juntos: Finanças para casais**. São Paulo: Editora Gente, 2004.

CERBASI, Gustavo. **Investimentos inteligentes para conquistar e multiplicar seu primeiro milhão**. Rio de Janeiro: Thomas Nelson Brasil, 2008.

CLASON, George Samuel. **O homem mais rico da Babilônia**. Rio de Janeiro: Ediouro, 2009.

FERRIS, Timothy. **Trabalhe 4 horas por semana**. São Paulo: Editora Planeta do Brasil, 2008.

PENHA, Cícero Domingos. **Atitude é querer: como a atitude faz a diferença na carreira, nos negócios e na vida**. São Paulo: Qualitymark, 2008.

SHINYSHIKI, Roberto. **Os segredos dos campeões**. São Paulo: Editora Gente, 2010.

TANIGUCHI, Masaharu. **Convite à prosperidade**. São Paulo: Seicho-No-Ie do Brasil, 2003.

TANIGUCHI, Masaharu. **Dinamize sua capacidade**. São Paulo: Seicho-No-Ie do Brasil, 2005.

WINGET, Larry. **Você está quebrado porque quer: como deixar de ir levando e passar a prosperar**. Campinas, SP: Komedi, 2010.

Índice

A

AA (Alcoólicos Anônimos). *Consulte* Contatos
Acordo Financeiro 55
Acreditar 22–24, 31, 33
Agradecimentos 5
Água. *Consulte* Dicas de Economia
Analisar Prioridades 65
Ansiedade 30, 44
Anuidades. *Consulte* Cartão de Crédito
Artesanato. *Consulte* Dicas para Ganhar Dinheiro
Atitude 33
Automóvel. *Consulte* Seguro Automóvel; *Consulte também* Dicas de Economia
  Consórcio 129
  Financiamento 51
  Simulação de Compra Automóvel 120
Ayrton Senna 46

B

Banco Central 34, 150

C

Cartão de Crédito 17, 19, 21, 25, 31, 47, 51–53, 101, 104, 144
  Anuidades 47
CDC 127. *Consulte também* Leasing
Cenários de Negociação 65
Cheques 19
Chico Xavier. *Consulte* Citações
Citações
  Chico Xavier 29
  Dalai Lama 30
  Michael Jordan 33
  Provérbio Chinês 29
  Renato Russo 29
  Usain Bolt 32
Comida para fora. *Consulte* Dicas para Ganhar Dinheiro
Condomínio 18
Consumo consciente 145
Contatos
  AA (Alcoólicos Anônimos) 150
  DA (Devedores Anônimos) 150
  EA (Emocionais Anônimos) 150
  Febraban 150
  NA (Narcóticos Anônimos) 150
Cooperativas de crédito 55
Crédito 36

D

DA (Devedores Anônimos). *Consulte* Contatos
Dalai Lama. *Consulte* Citações
Leilão de carro 134
Leilão de Imóveis 135
Dicas de Economia
  Água 74
  Automóveis 82–84
  Dicas Rápidas 25
  Energia 76
  Milhas 144

Supermercado 26, 79–81, 109
  Telefonia 77
Dicas para Ganhar Dinheiro
  Artesanato 97
  Comida para Fora 98
  Roupas 99
Dicas Positivas 32

E

EA (Emocionais Anônimos). *Consulte* Contatos
Energia. *Consulte* Dicas de Economia
Escolher investimentos 65

F

Fidelização 143, 145
Foco 21–23
Ford Maverick 17
Fórmulas
  Nper 118, 122–123
  Pgto. 118
  Soma 72
Fundo Pessoal para Emergências 112
Furto 19

G

Gastos
  Gastos Adicionais 66, 77
  Gastos Emergenciais 66, 81
  Gastos Fixos 66, 74
  Gastos Variáveis 66, 85
Golpes 149

I

Impulso 143
Indicadores 94
Inteligência Financeira 25

J

Junta Comercial 134

L

Leasing 128. *Consulte também* CDC
Listas de Compras 26

M

Mário Sérgio Cortella 40
Microsoft 17
Milhas. *Consulte* Dicas de Economia
Mito da Caverna de Platão 40, 42
Montante 49

N

NA (Narcóticos Anônimos). *Consulte* Contatos
Nelson Piquet 46

O

Oniomania 33
Orçamento Doméstico 26, 56, 67–68, 116

P

Perguntas Mágicas 35
Pizza 49
Planilha de Orçamento 65
Pontos 143
Preguiça 57
Principal 49
Propagandas Enganosas 36
Provérbio Chinês. *Consulte* Citações
Provisionamento mensal 115

R

Renato Russo. *Consulte* Citações
Renegociação de Dívidas 60
Risco 133
Rotativo 51
Roupas. *Consulte* Dicas para Ganhar Dinheiro

S

Saídas 54
Score 34
Seguro Automóvel 20. *Consulte também* Dicas de Economia; *Consulte* Automóvel
Seguro Cartão 48
Serasa 34, 43–44, 61
Smart TV 39
Sonho 117, 121
SPC 34, 61
Supermercado. *Consulte* Dicas de Economia

T

Taxa 118
Telefonia. *Consulte* Dicas de Economia
Telefunken 39, 112

U

Usian Bolt. *Consulte* Citações

V

Valor Agregado 144
Valor Futuro 54, 118–119
Valor Presente 122

Projetos corporativos e edições personalizadas
dentro da sua estratégia de negócio. Já pensou nisso?

Coordenação de Eventos
Viviane Paiva
viviane@altabooks.com.br

Assistente Comercial
Fillipe Amorim
vendas.corporativas@altabooks.com.br

A Alta Books tem criado experiências incríveis no meio corporativo. Com a crescente implementação da educação corporativa nas empresas, o livro entra como uma importante fonte de conhecimento. Com atendimento personalizado, conseguimos identificar as principais necessidades, e criar uma seleção de livros que podem ser utilizados de diversas maneiras, como por exemplo, para fortalecer relacionamento com suas equipes/ seus clientes. Você já utilizou o livro para alguma ação estratégica na sua empresa?

Entre em contato com nosso time para entender melhor as possibilidades de personalização e incentivo ao desenvolvimento pessoal e profissional.

PUBLIQUE SEU LIVRO

Publique seu livro com a Alta Books. Para mais informações envie um e-mail para: autoria@altabooks.com.br

/altabooks   /alta-books   /altabooks   /altabooks

CONHEÇA OUTROS LIVROS DA ALTA BOOKS

Todas as imagens são meramente ilustrativas.

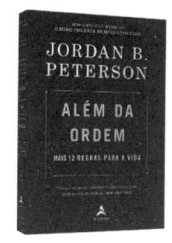

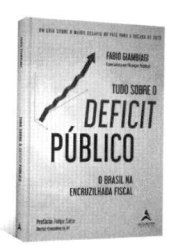